文章読本の名著90冊から抽出した

究極の文章術

ひらの こぼ

草思社

［目次］

はじめに　11

第一章　発想術――なにを書くか

「オヤ、マア、ヘエ」　『「逆さ」思考なら発想力がつく』（櫻井秀勲）　16
キーワード発想　『文書術』（工藤順一）　18
締め切りの効用　『「私」のいる文章』（森本哲郎）　20
ヒトコミ網をつくろう　『知的文章の書き方』（石川弘義）　22
論点を定めよ　『伝わる・揺さぶる！文章を書く』（山田ズーニー）　24
材料を集める　『文章の書き方』（渡辺辰二）　26
発想トレーニング　『危険な文章講座』（山崎浩一）　28
ピンホールカメラ理論　『読ませる技術』（山口文憲）　30
事実の料理人　『マスコミ文章作法』（増田れい子）　32
三つのキーワード　『試行錯誤の文章教室』（井上一馬）　34

論よりエピソード　『書くことが思いつかない人のための文章教室』（近藤勝重）　36
「問い」を変えてみる　『文章の設計図を用いた「読ませる」小論文の作成技法』（小田中章浩）　38
考えるスピードで書く　『文章の書き方・考え方』（加藤諦三）　40
小さな論説を書きためる　『理系発想の文章術』（三木光範）　42
だれが書くのか　『〝できる〟といわれる文章の技術』（秋庭道博）　44
素材の集め方　『文章料理教室　文章上達のコツ教えます』（亀山明生）　46
落語に学ぶ　『文章のみがき方』（辰濃和男）　48
文章で笑わせる　『心を操る文章術』（清水義範）　50
ネタの発掘法　『「もっと読みたい」と思わせる文章を書く』（加藤　明）　52
書くためのレシピ　『時速1000字で書く技術』（後藤禎典）　54
ともかく書きはじめよ　『続　知的生活の方法』（渡部昇一）　56

第二章　構成術——どんな順序で書くか

材料をポンと投げ出す　『はじめてコラムを書く』（青木雨彦）　60
まずは文章の燃料を　『自家製　文章読本』（井上ひさし）　62

文章力は段取り力　『誰も教えてくれない　人を動かす文章術』（齋藤　孝）　64
新聞コラムに学ぶ　『伸びる男の文章上達法』（堀川直義）　66
コンテを書く　『大人のための文章法』（和田秀樹）　68
随筆は三点セットで　『いい文章には型がある』（吉岡友治）　70
構成は「こざね法」で　『知的生産の技術』（梅棹忠夫）　72
「起承転結」より「序・本・結」　『文章力をアップさせる80の技術』（江藤茂博）　74
見取図づくり　『「書く力」をつける本』（千本健一郎）　76
「転」より始めよ　『エッセイ脳』（岸本葉子）　78
分割工法で書く　『文章テクニック　人をうごかす表現とは』（奥山益朗）　80
結論が先か、根拠が先か　『ロジカル・ライティング』（照屋華子）　82
書き出し三つの型　『書く技術』（森脇逸男）　84
トピックセンテンスで転じる　『文章構成法』（樺島忠夫）　86
ヤマ場づくり　『私の文章作法』（岡田喜秋）　88
あらすじ作りのコツ　『人を感動させる文章術』（平井昌夫）　90
書き起こしの型　『文章表現法』（市川　孝）　92

最後のひとこと　『エッセイを書くたしなみ』（木村治美）　94
まず課題を要約する　『一夜漬け文章教室』（宮部　修）　96
文章が論理をドライブする　『創造的論文の書き方』（伊丹敬之）　98
パワー・ライティング　『パワー・ライティング入門』（入部明子）　100
木下式と黒澤式　『論文をどう書くか　私の文章修業』（佐藤忠男）　102
三点法で考える　『作文に強くなる』（馬場博治）　104
構成を立てるな　『短くて説得力のある文章の書き方』（中谷彰宏）　106

第三章　表現術——どう書くか

書くのではない。削れ！　『うまい！といわれる短い文章のコツ』（石川真澄）　110
文章の品格　『文章読本』（谷崎潤一郎）　112
「が」は小さな魔物である　『論文の書き方』（清水幾太郎）　114
文章の煮つめ方　『藤本義一の文章教室』（藤本義一）　116
「セリフ」で始める　『「超」文章読本』（大倉徹也）　118
大胆に書く　『文章力　かくチカラ』（外山滋比古）　120

ことば尻　『日本語の作法』（多田道太郎）　122
最初の三行で勝負　『3時間でわかる文章作法』（大隈秀夫）　124
書き出しに困ったら俳句を　『ビジネス文章論』（扇谷正造）　126
体言止めは避けよ　『「伝わる文章」が書ける作文の技術』（外岡秀俊）　128
目の前にアナログ時計を　『仕事が速い人の文章術』（鶴野充茂）　130
ここ一番の文飾法　『文章表現』（福田清人）　132
つなぐより切る　『文章の書き方』（尾川正二）　134
タイトルは最後の一行だ　『名文を書かない文章講座』（村田喜代子）　136
写生と想像　『文章読本』（野間　宏）　138
具体的行動で人物を描く　『文章表現十二章』（木原　茂）　140
タイトルに凝る　『創作の現場から』（渡辺淳一）　142
文章に起伏をつける　『「うまい！」と言わせる文章の裏ワザ』（石黒　圭）　144
サスペンス効果　『文章の技』（中村　明）　146
定型表現の効用　『うまい！日本語を書く12の技術』（野内良三）　148
コリをほぐす　『伝わる！文章力が豊かになる本』（小笠原信之）　150

文章のスピード感　『取材の技術・作文の技術　記者体験から学んだ文章作法』（巳野保嘉治）　152
書き出しで「つかむ」　『知的文章の書き方』（江川　純）　154
自分が笑ってはいけない　『日本語の作文技術』（本多勝一）　156
文章にリズムをつける　『うまい！といわれる文章はどう書くか』（能戸清司）　158
対象の把握　『女性の文章の作り方』（吉屋信子）　160
実用文「三多の法」　『実用文の書き方』（波多野完治）　162

第四章　説得術――共感を呼ぶ書き方は？

「〜と思う」を捨てよ　『うまい！と言われる文章の技術』（轡田隆史）　166
裏づけはあるか　『YESと言わせる文章術』（樋口裕一）　168
ディテールこそ命　『福田和也の「文章教室」』（福田和也）　170
比喩の効用　『説得の文章技術』（安本美典）　172
一致点を積み上げる　『説得の法則』（唐津　一）　174
屈折と飛躍　『800字を書く力』（鈴木信一）　176
物に語らせる　『文章表現の技術』（植垣節也）　178

読み手を誘導する　『ブラック文章術』（内藤誼人）　180
ト思ワレル症候群　『理科系の作文技術』（木下是雄）　182
事実と意見　『明文術』（阿部圭一）　184
数字の生かし方　『仕事文の書き方』（高橋昭男）　186
「代示」を工夫せよ　『ビジネス文完全マスター術』（篠田義明）　188
一撃で仕とめる　『「超」文章法』（野口悠紀雄）　190
否定するな、肯定せよ　『すぐできる！伝わる文章の書き方』（赤羽博之）　192
説得文の条件　『文章力をつける！心が届くちょっとしたコツ』（永崎一則）　194
文章は「目」で書く　『中高年のための文章読本』（梅田卓夫）　196
文柱を立てる　『仕事ができる人の論理的に考え、書く技術』（小野田博一）　198
イメージで補強せよ　『文章読本』（丸谷才一）　200
あとがき　203

はじめに

囲碁に強くなるには大局観を養うほか、いろいろな局面での定石を覚えておくことも大切です。本書では局面ごとでの文章の書き方のいわば定石といったものを90冊の文章読本からそれぞれ一つずつ選んでご紹介しています。

なにか書かないといけない。でも書き出しが浮かばない。書きたいテーマは決まっているがどう構成したものか悩んでいる。そんなときに覚えておきたい「文章の達人たちが教えるコツのコツ」。できるだけ実践的なハウツーを集めました。

論文、報告書などのビジネス文書、手紙、エッセイや小説など、それぞれのジャンルごとに文章術の本がたくさん出ています。こうした文書を書かなくてはならなくなったら、ジャンルごとの入門書をまずは読まれることでしょう。

しかし人生では文章を書かなくてはならない場面が、人それぞれいろいろあります。そうした際に「筆が止まって頭を抱えてしまう」という場面があります。体系的にまとめられた文章の入門書もいいですが、そんな直面する切実な問題にピンポイントで効く特効薬をいくつか用意できないかと考えたのが本書です。

基本的にそれぞれ取り上げた本のその項目を要約して紹介しています。ポイントとなる引用箇所については〈 〉で括っていますが、文章の流れで「である」を「です」にするといった変更を加えているところもあります。

文章を書くうえでの悩みは人さまざま。書く文章の種類によってもつまずくところは変わってきます。本書では、特に「これは小論文に」「これはエッセイを書くときに」といったように目的別にはしておりません。どの項目も一般の文章を書く際に役立つものをという視点で選んだつもりです。読み進むなかで「あっ、これは今度書く報告書に使えるな」「新聞への投稿に、これを生かして書いてみよう」といった風に、それぞれの方で応用方法をお考えいただければと思います。あなたがいまお悩みの症状に効く特効薬がいくつか見つかるように願っています。

紙面の都合上、かなり凝縮したり、例文を省いている項目もあります。「これはきっと自分の書く文章に生かせそうだ」という項目が見つかりましたら、ぜひ出典である原著に当たっていただくことをおすすめします。

文章読本の名著90冊に学ぶ

究極の文章術

第一章

発想術　なにを書くか

文章を書くには、まずテーマを決めて、その材料を探さなければなりません。それでは、どんなところに目をつけて、それをどんな切り口で書けばいいのでしょうか。この章では、文章のテーマの発掘法や日頃からどんな視点で文章の材料を収集すればいいかを学びましょう。

「オヤ、マア、ヘエ」　櫻井秀勲

出典●『「逆さ」思考なら発想力がつく』櫻井秀勲／平成九年、文香社刊。視点を「逆さ」にするだけで発想はどんどん湧いてくる。発想型人間になるためのヒントが満載。著者は「女性自身」を百万部雑誌に育て上げた名編集長。「微笑」「ラ・セーヌ」編集長も歴任した。

誰でも一日のうち一回は、この三語を発します。たとえば「オヤ？　驚いたなァ。きみがそんなことをするとは」「マア、こんなものが流行ってるんだ」「ヘエ、そうだったのか」など。ちょっと挙げただけでも、こんな具合です。〈一言でいうなら、**「ものの見方」とは、この三語に尽きるといってても過言ではありません。いいかえれば、この三語を口に出させるようなアイデアを求めればいいのです**〉。

この三語を分析的に考えてみると

① **オヤ→驚き**
② **マア→新しさ**
③ **ヘエ→感心させるなにか**

といったことになるでしょうか。
珍奇性、力感、瞠目性のほか意外性や大きさ、恐怖などといったものに人は注目します。三語を別々にしなくとも、こうした要素がいくつかあるものをキャッチできるように、日頃からアンテナを張っておくことが必要です。
テレビや映画の大型企画は「オヤ、マア、ヘエ」を狙っているともいえます。たとえば黒澤明監督型のアイデアです。黒澤作品の多くは、この三つの感嘆語なくしては語れません。時代劇もあればユーモア作品もあり、シリアスな犯罪ものもといった風にテーマの幅も広い。一作ごとに珍奇性がある。もちろん力感は十分だし、世界を瞠目させてもいます。
スピルバーグ監督も同じように、一作ごとにまったく違う世界を演出しています。息づまるサスペンスもあれば、ほのぼのとした童話の世界にも連れていってくれます。
ここまでいかなくても、私たちでも感度をよくすれば、こうした発想ができるはずです。
オヤ（占い、魔術、宗教）
マア（流行、ベストセラー、映画）
ヘエ（結婚、離婚、人の噂、新しい理論）
こうした、**いままで見向きもしなかったものに日常から興味を抱くようにしていると、いつのまにか頭脳が「三語型」に**なり、書くテーマや切り口の発見につながります。

キーワード発想

工藤順一

出典●『文書術』工藤順一／平成二十二年刊、中公新書。書き手の意図を相手にきちんと伝えるために「何を書くか、どう書くか」を考察した書。実践的な演習プログラムも紹介されている。筆者は学習塾講師を経て「国語専科教室」を開校。子どもの国語教育に尽力している。

書かなければいけないテーマは決まった。でも書けない。こんな時はえてして「どう書いたらいいか」だけでなく「何を書いたらいいか分からない」ということで悩んでいることがあります。なにかを書くためには、まずそのテーマについて考えなければなりません。本書では、そんな際に発想の助けとなる「**考えるためのキーワード**」がいくつか紹介されています。いわば「考えるための道具」です。なかでも、ぜひ試してみたいものが三つあります。

① 整理・分類してみる

これまで自明のことと思われていることを一度リセットして、これまでとは別な観点、他のやり方で、テーマに関連する事柄を整理・分類してみましょう。新たな地平が広がり、新しい発見がきっとあるはずです。

現実や状況はめまぐるしく変化しています。それらに対応するには柔軟な発想が必要です。**ものの見方を変えると異なった世界が見えてくる**。そのための再整理・再分類です。

②「なぜ?」と問いかける

言い換えれば「疑うこと」。〈Aという課題や現象、言説があるとき、なぜそうなのかを疑ってみるべきです。なぜAなのか。なぜAと言えるのか。すぐにその課題を解こうとするのではなく、はじめに課題自体を一度疑ってみることが、批評・批判の力を養います〉。

〈この**批評と批判は、まず「なぜ?」と疑い、考えることから始まる**と言ってもいいでしょう。ふだんあたりまえだと思っていることも「なぜ?」と問うと意外な世界を見せはじめます。

③「もしも……なら」とさまざまな状況を仮定する

〈もしも……なら、Aはどうなるか。もしもAでないなら……。さまざまな「もしも」の設定が可能です。一口で言うと想像したり空想したりすること〉。**「もしも」と仮定して想を巡らすことで発想が自由に広がり、私たちの想像力を鍛えることができます。**

小松左京の小説『日本沈没』も「もし日本列島が沈んでしまったら」という発想にもとづくシミュレーションで書かれたものだと言えるでしょう。

ちなみに発想のためのキーワードとしては、ほかに「言い換える」「さまざまな考え方を比べてみる」「喩《たと》える」「逆転させて考える」などが紹介されています。

締め切りの効用

森本哲郎

出典●『「私」のいる文章』森本哲郎／昭和六十三年刊、新潮文庫。プロローグに「表現の技術は二の次。文章にあらわす中身、つまり、自分が何をどう思っているかをはっきりと自覚することこそが文章作法の第一歩だ」とある。著者は元朝日新聞記者、週刊朝日副編集長。

アメリカのジャーナリスト、ジョン・ガンサーが『アフリカの内幕』を書いたのち、アフリカを再訪した際に「あなたはたった三日間滞在しただけで、よくまあ、われわれの国について報告が書けるものですね」と詰問されたそうです。

ガンサーの答えは「そうです。それだから書けるのです。もし三日ではなく、三年間滞在していたら、私は絶対に記事は書けなかったでしょう」というものでした。

なぜなのでしょうか。〈**端的にいうと、ものを書くということは、あきらめるということ**だからです。何をあきらめるのか。それ以上知ろうとすることをあきらめるのです。何かについて知ろうとすれば、きりがありません〉。〈どこかであきらめないといけません。あきらめて、その時点で、自分なりの結論を下さなければならないのです。それが、ものを書く、ということなのです〉。

〈むろん、いくらあきらめるといっても、何かについて、できるだけ調べる必要はあります。しかし、時間をかければかけるだけいいかというと、かならずしもそうではない。**あんまり時間をかけていると、意外にその本質を逸してしまうことがあります**〉。

馴れもまた何かを調べるに際しての強敵です。ある町にわずか一週間しか滞在できないとなると、その町を知ろうとする意気込みが違ってきます。目にするものことごとくが興味深く、印象に刻まれます。ところが、一年も二年も住んでいると、最初おもしろいと思ったことが一向におもしろくなくなることがあります。すっかり馴れて当り前になってしまうのです。

人間についても同じことがいえます。その人間を深く知れば知るほど、その人について書けなくなってしまう。印象がすっかり薄れてしまうのです。

何かについて書こうとする場合、締め切り時間を自ら設けること。これが肝心です。時間がたっぷりあるといっても、人はぎりぎりになるまでなかなか書こうとはしません。時間が無為に過ぎていくばかりです。もう少し時間をかければもっといいものができるような気もしてきます。でもそんな気持ちは捨てることです。

人間はつねに締め切り時間を持たなければ何ひとつできないのです。**自分で締め切りを設定する。そして「もう、あきらめろ」と思いきることも大切なのです**。

ヒトコミ網をつくろう　石川弘義

出典●『知的文章の書き方』石川弘義／昭和五十四年、徳間書店刊。副題は「発想力・表現力を磨くテクニック」。「上手な文章でなくていい。自分を十分に表現できる文章を書こう」といった考え方でまとめられている。著者は社会心理学者、成城大学教授（執筆当時）。

「書くテーマが見つからない」という人へのアドバイスです。あれこれアンテナを張っておくことが必要ですが、なかでも大切なのは〈**いかに多くのひとの情報をネットワークするか**〉です。「マチ情報」をマチコミ（マチ・コミュニケーション）とすれば、他人の情報はヒトコミということになります。ではそうしたヒトコミを活用するためにはどんなことを心がければいいのでしょうか。本書では八つのポイントが挙げられています。

①小さなきっかけを大切にする

情報源になりそうと思ったら、積極的に友だちになる努力を日頃から惜しまないこと。

②相手の情報量に注意しよう

そのひとがどんな情報に、どの程度詳しいのかをよく知っておく。

③異質な情報網を組織しよう

自分の専門分野や関心事だけでなく、クロスオーバーの情報網を組織する。

④相手をよく知っておく

どんな経歴で、会社や学校でどんなポジションなのかなどの情報を事前に収集する。

⑤人間関係を持続させる努力をする

せっかく情報を教えてもらっても一度で終わるケースが多い。次の機会にも情報が聞けるように、人間関係を長く続けられる努力をしたい。

⑥情報を得やすいなじみをつくる

なじみの図書館の係の人や、なじみの店を持っていると、意外な情報を得られる。

⑦聞き上手になること

情報を持っている人が都合よく知りたいことを話してくれたりはしない。相手がつい話をしてしまうように、こちらが聞き上手になることが必要だ。

⑧ギブ・アンド・テイクの精神を忘れない

情報を教えてもらったら、次はこちらが教えるといった関係づくりをしないといけない。お礼をかならずすることも大切なエチケット。

このようにして広げたヒトコミ網はきっと文章のテーマ発掘に役立つはずです。

論点を定めよ　山田ズーニー

出典●『伝わる・揺さぶる！文章を書く』山田ズーニー／平成十三年刊、ＰＨＰ新書。書くために、何をどう考えるか。文章を書くうえで必要な思考法がステップで紹介されている。著者はベネッセ小論文編集長を経て大学や企業で文章表現インストラクターとして活躍中。

〈「**論点**」**とは、文章を貫く問い**だ。筆者の問題意識と言ってもよい。よく「独自の切り口」と言われるのが、論点のことで、どのような問題を、どのような角度で扱っているかを指す。文章の方向も、読み手の興味も論点で決まる〉。こんな書き出しで文章を書くうえでの「論点」の大切さが解説されていきます。

たとえば「日本人」というテーマで文章を書くとします。そんなとき「日本人について」といったあいまいな論点で書いてしまいがちです。しかし、これはテーマであって、論点ではありません。これでは、ぼやけた内容の文章になってしまうでしょう。「日本人の特徴と言われてきた集団主義は、崩れてきているのだろうか？」などというように、**書き出す前に独自の論点を絞り込んでおかなければなりません**。

雑誌のタイトルを見てみましょう。「ＢＲＵＴＵＳ」誌の「なぜ、日本男子はカジュアルが下手なのか？」。よくある「男性カジュアルウェア特集」といったものとは違って、具体的なイメージが湧き、興味をそそります。なぜか。それは独自の論点が設定されているからです。

論点を定めるにあたっては二つの原則があります。まず一つ目は**「論点と意見は、問いと答えの関係にある」**ということ。意見を述べる際には、それを導き出した「問い」、つまり「論点」があるはずです。その論点が最終的にまとめた文章の中で一貫していることが必要です。文章を書いたら、その内容（意見）が、自分の取り上げた「問い」に対する答えになっているかどうかを必ずチェックする習慣をつけましょう。

原則の二つ目は**「論点は、はっきりと疑問形にする」**こと。文章のタイトルや書き出しを「人間関係について」といった漠然としたものにしないで、「人間関係はどうすればうまくいくか」「職場で上司と部下の関係はどうあるべきか」などと具体的な疑問形にします。

人間関係というテーマを自分なりの視点で「なぜ？」「どうあれば？」などと見る角度を変えつつ、そのテーマへの切り込み方を考えるのです。その疑問形にした論点を書き出しにすれば、あとの流れもスムーズになります。文章のラストに悩んだときは「上司と部下の関係は、開かれた対等なものであるべきだと私は考えます」というように、論点に対する「答え」で締め括るとよいでしょう。

材料を集める

渡辺辰二

出典●『文章の書き方』渡辺辰二／昭和四十七年、文和書房刊。人に気がねをせずに文章を書こう。言語科学研究所で文章教室を担当した経験から、社会人の書く文章で、実際に多く見られる問題点に答えるつもりで書かれた入門書。例文も身近なものが取り上げられている。

文章を書くには当然、材料が必要です。三分の話をするには、一時間分の材料を集めよといわれます。短い話ほどむずかしいのです。これは文章でも同じ。短い文章だから、材料もわずかでよいということにはなりません。

文章の材料としては、次の五つが考えられます。

①**自分の体験**（**見たこと、行なったこと、調査したことなど**）

自分の体験は、強烈なものほど正確に記憶されます。しかし、枝葉にわたることや具体的な数字などは不正確になりがちです。なにか印象的な体験をした際には、日記をつけたり、なにかに記録を残しておきましょう。思わぬときに文章の材料となることがあります。

②**聞いたこと**（**他人の話、ラジオ、テレビなど**）

他人から聞いたことは、不正確な場合が多くなります。いつ、だれから聞いたのかもあやふやで、ほかの話と混ざってしまったりもします。これは材料になると思ったら、忘れぬうちにメモをとっておきましょう。細かな点や、その話の出所を確認しておくことが大切です。

③読んだこと（新聞、雑誌、本、パンフレットなど）

新聞や雑誌なら気軽に切り抜きができますが、切り取る際に、一部分だけ読んで早合点しないように注意してください。切り取れないものは、コピーを取るか、要旨を書いておきます。新聞、雑誌なら年月日、単行本の場合は著者名、書名、発行所のほか、ページ数を書いておきます。そうすれば、あとで調べるのにも時間をとらないし、信頼性のある材料となります。

④感じたこと（感想）

なかなかその場でメモするといったことはむずかしいことが多いかもしれません。しかし、一晩寝ると忘れてしまいます。その日のうちに記録を残しておきましょう。

⑤考えたこと（意見、推定、研究など）

よい考えが浮かんだら、忘れないうちにメモをします。記録を残すというだけでなく、書くことによって、さらに考えを発展させたり、深めさせたりすることができます。

以上のような材料を日頃からストックしておけば、急な原稿を書く場合なども安心です。そうした場合でも、集めた多くの材料をふるいにかけて、最適のものを選ぶことができます。

発想トレーニング

山崎浩一

出典●『危険な文章講座』山崎浩一／平成十年刊、ちくま新書。巷に溢れる「文章作法」や「文章読本」に縛られず、自分自身で文章のルールを作って、楽しみながら書こうという提案。著者はコラムニスト。『情報狂時代』（小学館）『平成CM私観』（講談社）など著書多数。

「発想と思考のトレーニング」の章にあるトレーニング法から二つ紹介しましょう。

①〈具体〉と〈抽象〉のトレーニング

《具体的な文章＝わかりやすい文章／抽象的な文章＝わかりにくい文章》などという、図式的で固定的な思い込みを抱いている人が多い。でも、これは本当なのでしょうか。《抽象》とは「バラバラなもののなかからひとつの象《かたち》を抽《ひ》きだす」こと。ということは「わかりにくい」どころか、《具体》とは別の意味で「わかりやすく」なければ嘘です。

〈たとえば、**あなたの表現したいものが抽象的なアイディアなら、それを具体的なさまざまな場面やイメージに「翻訳」して書くことはとても有効でしょう。一方、具体的な事物や現象を表現したいなら、それを逆に抽象的なパターンに「翻訳」してみることも同じように大切なの**

です〉。〈本当に「わかりやすい」文章を書く人は、かならず頭のなかでそんな作業をくり返しているはずなのです〉。

こうした《具体》を《抽象》に、《抽象》を《具体》に翻訳・変換するといった知的作業を思考トレーニングとして意識的にやってみること。これは文章上達につながります。

②〈三題噺〉による発想トレーニング

落語の三題噺のように、一見、互いになんの関係もなさそうなテーマを三つ選んで、ひとつのコラムにまとめるという方法です。〈もちろん三つのテーマを単に断片的につなぎ合わせて、いきなり話題を変えたりするのは反則です〉。〈あくまで、**それぞれのテーマからなんらかの共通因子を抽出して、それらを有機的に関連づけなければなりません**〉。

〈三題それぞれのギャップが大きければ大きいほど、あなたの思考と想像力はダイナミックに活性化せざるをえない〉。これは発想トレーニングにはうってつけです。

たとえばということで、筆者が最近書いたコラムの例が挙げられています。さて、どんなコラムだったのでしょうか。

- 金融ビッグバンとポケモン騒動と女子高生の紺ハイソックス
- 郵貯民営化とエルニーニョ現象と水道管
- ネコと総会屋と黒柳徹子

ピンホールカメラ理論

山口文憲

出典●『読ませる技術』山口文憲／平成十三年、マガジンハウス刊。朝日カルチャーセンターの「コラム・エッセイの講座」で講師をしたときの体験をベースにまとめられている。まさに痒いところに手が届くような文章講座。著者はノンフィクションライター・エッセイスト。

ピンホールカメラとはレンズを使わずに針穴（ピンホール）を使って撮るカメラのこと。子どもの頃、これで遊んだという方もいらっしゃるかもしれません。感光素材の上に、うまく像を結ばせるためには条件があります。ひとつは、**ピンホールの穴をできるだけ小さくすること**。小さければ小さいほど映像がシャープになります。そしてもうひとつ、**穴はひとつでなければなりません**。ふたつも三つもあると、絵が重なってしまいます。

〈このピンホールカメラの原理は、**じつはまったくそのまま文章の原理**でもあります〉。どれだけ小さなところに目をつけることができるかがカギなのです。

たとえばエコロジーや地球環境保護の観点からなにか書くとします。そんなとき南極のオゾンホールから始めるというのは、いかにもまずいやり方です。オゾンホールといっても聞きかじりくらいの知識しかありません。それでは通り一遍の話になってしまうでしょう。

オゾンホールなどと大上段に構えずに、もっと身近なところから始めたい。「台所で使っているヤシの実石鹼でお皿を洗っていて、ふと思った」といった書き出しなら、読み手のこころをつかむことができるはずです。

アメリカ人と友だちになった。その感想を書こうという場合はどうでしょう。「アメリカ人は気さくでフレンドリーな人たちです」などと書かないことです。そんなことはもうさんざん言われています。そんなことよりも〈「アメリカ人と握手したら、手がひん曲がるほど痛かった。なぜアメリカ人は、あんなに乱暴な握手をするのだろう」という疑問に着目したほうがいい。これで穴はずっと小さくなります〉。そしてなぜアメリカ人はあんなに強い握手をするのかについて自分なりに考えていけばいいのです。

次は旅行記などの場合。「ヒューストンに降り立ったらテキサスの大平原が広がっていた」。こんな話を書いてもしょうがないでしょう。穴としてデカすぎます。〈それだったらアラバマ州の小さな町でのひと晩とか、そこで会ったひとりの人、たまたま十分間だけいたドラッグストアのことを書いてほしい。そこからアメリカの印象を語るようにするのがいいのです〉。

〈小さな話から突然大きな話になる。その落差が面白い。落差が大きければ大きいほどいいんです。これこそピンホール理論のお手本だといってもいいでしょう〉。

事実の料理人

増田れい子

出典●『マスコミ文章作法』馬場博治・植条則夫編／昭和六十三年、創元社刊。新聞や雑誌記事の書き方からテレビ・ラジオの文章作法、広告コピーや広報文の書き方まで──。マスメディアの文章表現について、それぞれの分野で活躍している記者、作家が分担執筆している。

毎日新聞学芸部編集委員などを経てエッセイストとして活躍された増田れい子さんが同書で、「エッセイの文章表現」という項目を執筆されています。そのなかから、まず、「エッセイをどう定義づけすればいいか」についてご紹介しましょう。

エッセイは、個人的体験、研究テーマから派生した肩のこらない読み物といった概念でとらえられていることが多い。そこに求められているものは、独特の感性、価値観、読者が共感できる日常性といったものでしょうか。しかし、それだけではエッセイとはいえないと筆者はいいます。〈やはり究極のところは、**人生についてのしかとした洞察、真実の提示**のないものは、エッセイのかたちをとっていてもエッセイとは言えない〉のです。

エッセイは普通、原稿用紙五、六枚から十枚程度と、短めですから一見とっつきやすい。誰でも書けそうに思えます。しかし、エッセイはなかなか手ごわいのです。清少納言が「春は曙《あけぼの》」といい切るまでに、どれほどの観察と洞察を繰り返したかを考えてほしいのです。

清少納言の『枕草子』を引き合いに出すまでもなく、エッセイに必要なのは、観察と洞察を行きとどかせた末の断固たる評価、特定です。そうした知的精神の躍動にかなった文体としての、歯切れの良さが、エッセイの文章のいのちだといえるでしょう。

〈かんじんかなめなことは、書かれたものが、独自性、独創性に富んでいて、そこにあたらしい知見が示されていなくてはなりません。エッセイがもっとも排除するのは「ありきたり」「常識」「真似」そして「ウソ」なのです〉。

なかでも、エッセイがエッセイとして成立する基盤として重大なのは「事実に立脚する」という一点です。**エッセイを書くということは、書き手が認識し、知覚し、体験した事実を起点とし、一つのテーマにそって自力で一人旅をしていくその過程であるといえます。**

いってみればエッセイストは事実の料理人です。凝った料理にするもよし、素材の持ち味を生かすのもいいでしょう。ひねくりまわして失敗する人もでてきます。同じ料理人でも、出来不出来はつきものです。エッセイには、その人の素顔が出る。実力が出てしまいます。

〈しかし、だからこそ面白いのです。ものをつかんでいく力、考えていく力、究めていく力が、エッセイと取り組む間に必ず、ついてきます〉。

三つのキーワード　井上一馬

出典●『試行錯誤の文章教室』井上一馬／平成九年刊、新潮選書。著者が、より良い文章を書く方法について、試行錯誤を繰り返しながら体得したコツが語られている。内外の文筆家の文章に関する著述も豊富に紹介されている。著者は編集者を経て、翻訳家・エッセイスト。

文章を書く作業は「何を書くか」と「それをどう書くか」の二つに分けられます。より重要なのは「何を書くか」です。ではどんな点に注意して書くべき内容を考えればいいのでしょうか。本書では、それは次の三つのキーワードをいつも念頭に置くことだとアドバイスしています。良い文章は、必ずこの三つの要素のどれかを必ずもっているのです。

①感動（人を感動させる）

人を感動させるためには、まず自分が書こうとする事柄について、自分自身が情熱を持っていること。そして、それについてよく知っていることが必要です。アメリカのコラムニスト、ボブ・グリーンは「**仕事が終わったあと、酒場で友達に話して聞かせたいと思うような話を書く**ように努めたい。それがコラムニストとして成功するコツだ」といっています。

自分の選んだテーマについて幅広く調査や分析を続けるためには、粘り強さも必要になってきます。自分の心に種をまいて、芽が出てきたらそれを大切に育て実がなるのを待つのです。

②情報（人の知らないことを教える）

自分の書く事柄に情熱を込めて書いても、多くの人の関心を引くとは限りません。「人の知らないことを書く」。これが大切なのです。たとえば、イギリスについては、よく知られてしまっています。しかし角度を変えて考えれば、まだまだ新鮮な切り口が見つかります。

日本では普通、イギリス料理はまずいものだと考えられてきました。ところが『イギリスはおいしい』（林望著、平凡社刊）ではその逆をいきました。単に、人がぜんぜん知らないことを書けばいいというのではありません。このように**少しズラしてみる**といったことも有効です。

③共感（人に、そうだ、そうだと頷かせる）

「物書きの最大の喜びは、**読者がすでに知っていながら、知っていることに気づかなかったことをみごとに描き出す**ことにある」といっているのはコラムニストのアンディ・ルーニーです。こうした文章に、読者は思わず膝をたたいて、共感してくれるのです。

共感を得る、もう一つのポイントは逆転の発想です。〈多くの人が常識的に考えるのとは逆のことを、説得力のある文章で理路整然と述べる。こういう文章に接したとき、読者は、目からウロコが落ちるのを感じて、心の底から筆者に共感するのです〉。

論よりエピソード

近藤勝重

出典●『書くことが思いつかない人のための文章教室』近藤勝重／平成二十三年、幻冬舎刊。「書く内容が思い浮かばない」「どう書き出したらいいものか」といった悩みにQ&Aスタイルで答える構成。著者は毎日新聞論説委員、サンデー毎日編集長を歴任したコラムニスト。

〈いい文章だなあ、と思うかどうかは、確かに共感したかどうかが大きくかかわっています〉。では**共感を呼ぶ文章はどう書けばいいのでしょうか。それは、〈第一はシチュエーション、つまりそのときの状況や場面の提示です**。考え方や意見への共鳴だけなら、場面は必要でない文章もあるでしょうが、**作文やエッセイなどは「論よりエピソード」**です〉。

「わかるなあ」と思う文章は、何よりも場面が巧みに書かれていることが多い。場面に描かれた物・自然に託された心情に、読み手は反応して共感を覚えるのです。

言い換えれば「思う」ことより「思い出す」ことが大事ともいえます。「思う」は胸の中の一つの判断にすぎません。一方、「思い出す」は主として記憶にある体験を頭に思い浮かべることです。具体的なシーンやエピソードが伴います。

〈原稿用紙に向かってなにも浮かんでこないとき、いかに乗り切るか。最初の試練です。その手立てとしては**具体的に描写しやすく、かつ書き進めやすい題材がいい。それにはやはり「思う」ことより「思い出す」こと〉が大事になってきます。**

たとえば師走について「思う」ことと「思い出す」ことを書き出してみましょう。「思う」のほうでは「さびしい」とか「孤独感」「一年の反省」とかが挙げられます。「思い出す」は「船上でのクリスマス体験」「親戚一同で行うそば打ち」といったものが出てくるでしょう。「思う」ことと「思い出す」ことではこんなにも違うのです。

〈師走というテーマで「さびしい」とか「孤独感」といったことをいくら文章にしようと思っても、それらは心の中のことですから目に定かではありません〉。これまでの自分の体験やエピソードを書くほうが、読み手は頭に具体的なイメージが描けて共感を呼びやすいのです。

もちろん「思う」ことを書かなくていいというわけではありません。〈作文は「思い」の産物です。ただ、心に思うことは形を持っていません。形のあるものは描写しやすいのですが、形のないものを描くのは大変です〉。

「つらい」というのは心に抱く思いですが、その感情は人それぞれです。それを同じ「つらい」という形容詞だけでは表現できません。つらいと思った**体験を具体的に描写して、読み手に追体験してもらってこそ、共感を呼ぶ文章となるのです。**

「問い」を変えてみる

小田中章浩

出典●『文章の設計図を用いた「読ませる」小論文の作成技法』小田中章浩／平成十四年、丸善出版事業部刊。大学の一〜二年生の文章表現力を向上させるための教科書として構想されたものだが、論文に限らず、一般的な作文にも応用できるハウツー書となっている。

たとえば「情報とはなにか」という作文の課題が出たとします。まともに答えようとすると、時間ばかりかかって、結局は考えが堂々めぐりするばかりということになってしまいがちです。ではそんな時、どう発想を転換すればいいのでしょうか。

そこでおすすめしたいのが、課題の「問い」を別の角度から捉え直してみること。**「問いの形式の変換」という操作**です。一般に問いの形式は5Ｗ1Ｈにまとめることができます。たとえば「情報とはなにか（Ｗｈａｔ）」の問いの形式を「誰が（Ｗｈｏ）」「どこで（Ｗｈｅｒｅ）＝場所」「いつ（Ｗｈｅｎ）＝時代」に着目して変換してみましょう。左のようになります。

●「誰が」用いている情報なのか

●「どこで」用いられている情報なのか

●「いつ」用いられる（た）情報なのか

こうして問いを変換したうえで、今度はどんな話にするか考えます。情報の利用法を二者間で比較するといった展開にすることにします。仮にあなたのよく知っている分野が「生物」「スポーツ」「歴史」であったとすると、「誰が」では、次のようなアイデアが浮かびます。

●二種類の生物を比較して、情報の集め方について説明できないか

●スポーツ選手を比較して、試合中の情報の使い方について説明できないか

●ある時代に生きた歴史上の人物を比較して、情報の使い方について説明できないか

ここまで来るとテーマがかなり絞り込まれてきました。あと一歩です。最終的なアイデアは情報に関することが書けそうな、具体的な生物や人物などをあれこれ検討して決めます。

●コウモリとフクロウの情報収集の方法を比較して、情報の集め方について考える

●サッカーの中田選手と名波選手がパスを出すために必要とする情報を比較する

●戦国時代の武将、織田信長と毛利元就の情報戦略を比較する

これで原稿のテーマが決まりました。「情報について」という課題だけでは、なにを書いたものかと悩みましたが、こうなるとなにか書けそうな気がします。あとは情報が「どのように（How）」「何のために（Why）」使われているのかを考えて、その裏付けとなる事例やデータなどを集めて、それらをもとにアウトラインを組み立てていけばいいわけです。

考えるスピードで書く

加藤諦三

出典●『文章の書き方・考え方』加藤諦三／平成十年、ＰＨＰ研究所刊。三百冊以上の本を書けたのは「自分の考えているプロセスを正直に書いたからだ」という。そんな体験談に裏打ちされた文章の書き方のノウハウが詰まっている。著者は早稲田大学教授（執筆当時）。

最初から完成された文章を書こうとするとどうしても心理的に構えてしまいます。**まずは頭に浮かんだことをそのまま書いてみましょう**。もちろんたいていはおかしな文章になります。しかしそれでいいのです。

考えているスピードで書くこと。それが大切です。そうすれば当然きちんとした文章にはなりません。でもどんどん書いていきます。結論が先にくる時もあれば、初めの文章が後にくる時もあります。頭に浮かんだら、すぐそれを書いてみる。アイデアのみを書き飛ばしていっても構いません。書く順序も気にしない。論理の飛躍があってもそのままにしておきます。書く本人の頭の中ではそれは繋がっているのです。**文章を書くというよりは、自分の考えている内容を書き出していく**。そんな要領です。

人が読んだらなんのことか分からないかもしれません。でも自分にさえ分かればいいのです。あとで、人に分かる文章に直せばいいのですから、まずはとにかく書くことです。書き始めて「あっ、違った」と思ってもそこで書くことを止めてはいけません。

でも、書くことにつまったら無理に続けて書かない。「書こう、書こう」と必死になれば、いよいよ書けなくなるだけです。書けることだけを書いて、後は焦らない。散歩にでも出掛けましょう。書ける気になったときにまた始めればいいのです。

手紙をもらって返事を書かなければならない。でも億劫《おっくう》だし、どう書いたものか考えが浮かばない。こんな時には「手紙有難う」とだけでも書いておきます。あとは相手の住所や名前なども書いておく。そうすれば、初めから書き始めるよりはずいぶん気が楽になります。それを書いておくだけで、億劫がらずに机に向かえます。

前述の書きすすめておいた文章もこれと同じです。いきなり完成した文章を目指すのではなく、自分にだけ分かる文章を書いておく。少し日が経って、また**その気になった時、書き溜めておいた覚え書きのような文章を眺めて、推敲《すいこう》していけばいいのです**。一から構えて書くとなると途方に暮れていた文章も、これだと楽しみながら手直ししていけます。

人に分かりにくいところを直し、論理が飛躍しているところに説明を加えたり、流れが悪いところは文章を入れ替えたりします。意外と苦しまずに文章が完成するはずです。

小さな論説を書きためる

三木光範

出典●『理系発想の文章術』三木光範／平成十四年刊、講談社現代新書。脳科学と人工知能、システム工学の分野で得られた研究成果をもとに、仕事の文章と理系の文章の書き方について述べられている。著者は同志社大学教授、専門分野は情報工学、知的システムの設計など。

論文や論説文以外でも、理系の文章はともすれば理屈っぽく、読みづらいものとなりがちです。どう書くかという表現面だけでなく、読みやすい文章にするための材料を用意しなければなりません。料理でいえば、少し苦みのある素材を食べやすくするための工夫です。

文章のシナリオが決まれば、それを組み立てる材料を集めます。論文では、理論、数式、調査結果、実験結果など。レポートではテーマに沿って調査した結果などがそれに当たります。こうした執筆に必要な材料の収集は、特定のテーマが決まったとき、あるいは与えられたときから精力的に行うわけですが、それとは別に、日常的な材料収集も重要です。

理系の文章といっても、新しい発見や提案が法律の文章のように、正確ではあるが味のないものになってはいけません。それでは読者にインパクトを与えることはできないでしょう。同じ内容を言うにしても、前述のような料理の工夫が必要になってくるのです。
そうした感性からも訴えることができるような材料集めを日頃から心がけたい。それには、小さな論説を書く習慣を身につけることです。〈小さな論説とは、いくつか材料が集まったら書けるような、短い論説文のこと。文章でいえば、ひとつの段落、あるいはひとつの節程度の文章です〉。こうした**短い論説文のテーマになりそうなものをまずは一行の文章にします。そしてそのテーマでひとつか数個の段落を持つ小さな論説文を書く訓練をしてみる**のです。

〈たとえば「大学の講義中の私語が減ったのは携帯メールが原因である」とか「一七歳が起こす凶悪事件が新聞を賑わしているが、件数は昔より減っている」など、何でもよいので、自分が興味をもったテーマを文章にする訓練をしてみましょう〉。

〈小さな論説は、たいていは持ち合わせの執筆材料で行えます。新聞や雑誌の記事、あるいはテレビの情報などもよいでしょう。これらの材料をもとに小さな論説文を書く。そうすることで材料を生かす工夫もうまくなっていきます〉。

こうして書きためた小さな論説文は、いろんな場面で役立ちます。別のテーマで書くにしても、どこかにそれらの小さな論説文が生きてくることが多いのです。〈そのうえ、**小さな論説文を書いていると、その素材を生かす工夫をし、いろいろな事柄を分析する能力が次第に開発されてきます**。これは文章を書くうえで非常に大事なことなのです〉。

だれが書くのか

秋庭道博

出典●『〝できる〟といわれる文章の技術』秋庭道博／平成十三年、大和出版刊。文章の技術とは「書き方」であると同時に「読まれ方」でもある――。そんな考え方をベースにして、「読み手」の立場にこだわった文章の技術が解説されている。著者は作家、コラムニスト。

なにを書いたらいいか、テーマがみつからないときには「だれが書くのか」を考えるといいアイデアが浮かびます。もちろんあなたが書くわけですが「これから書こうとする文章を読む人にとって」あなたはどういう人なのかという意味です。

まず、**その人たちに、あなたはなにを期待されているのか**を考えてみること。相手が求めているのは、あなた自身についてのエピソードなのか、あなたのもっている知識や体験なのか、といったことからテーマや内容を考えないといけません。

さらに、重要なのは、**文章の読み手が、どれほどあなたのことを知っているか**という点です。人気俳優やスポーツ選手なら、その暮らしぶりに読者は興味を持ちますが、そうでない知らない人のそんな文章に、人は関心を示しません。親元を離れて暮らしている子供の身辺雑記なら親は熱心に読みます。しかし一般読者には関心も興味も湧かないのは当然です。〈こうした場合には、**漠然と身辺雑記をつづるのではなく、そんな生活のなかから、第三者でも興味や関心をもってくれるテーマを発見して、それを書くしかありません**。たとえば、「一人暮らし」とか、「はじめての体験」です。具体的なエピソードは、そのテーマに対する考え方や、そのことがもつ意味を説明する材料として使うことになります〉。〈**テーマを選ぶということは、自分と読み手との関係を考えることでもあります**〉。〈もちろん、「自分の書きたいことを書く」とか「自分自身のためのテーマ探し」ということはあるでしょう。それは、意味のあることでもあります。しかし、自分のなかに適当なテーマがなくて困った場合には、読み手と自分の関係を、もう一度考えてください〉。そういう問題意識をもつと、書くべきテーマが見つかりやすくなるはずです。

たとえば「どんな内容でもいいから」と原稿を頼まれたとします。こんなときにはどうすればいいでしょうか。そんなときのテーマの選択の基準は「自分になにが期待されているか」をもう一度考えてみることです。「どんな内容でもいい」といいながらも、原稿の依頼者は、それなりの意図があり、期待があるはずです。そうした意図を納得のいくまで話し合うことが必要です。こちらからも、先方に手持ちのテーマをあれこれ話してみて意見を聞き、双方が納得してからスタートしなければなりません。

素材の集め方

亀山明生

出典●『文章料理教室　文章上達のコツ教えます』亀山明生／昭和五十八年刊、有斐閣新書。文章の作成方法を料理に喩えながら、作品やエピソードを多数交えて、文章表現の勘どころが解説されている。著者は大東文化大学で「文章表現法」の講座を担当。歌人でもある。

ラグビーをやっている彼のために昼食をこしらえることになった。彼はピラフがいいという（題）。彼の好みに合わせてカレー味にしよう（出題の意図を考える）。通り一遍でない私流のものにしたい。ニンニクを利かせて、ピーマンも使ってみよう（文章核）。さあ、こうして大まかなレシピが決まったら、次はスーパーへ材料を探しに行きます。

文章を書く場合もこれと同じです。文章の構成素材を思い浮かべ、それをまず箇条書き風にメモします。もともと抽象的である文章核を具体化してくれるのが、これらの素材です。では文章の素材にはどんなものがあるのか分類して考えてみましょう。まずは叙述文の場合。

①**直接素材**／テーマが仮に桜（中心題材）だったとすると、ひとまずその愛すべき点をいくつか挙げていきます。これが直接素材となります。

②**間接素材**／桜を際立たせるために梅と比較してみる。この梅について述べるところが間接素材です。桜には梅の花にはないこんな素晴らしさがあるということで桜を引き立てます。

③**客観素材**／桜のあるがままの姿を描写したものが客観素材です。

④**主観素材**／桜を見て生じた感情、情緒、感慨などがこれにあたります。

一方、論説文などの場合は次の三つの素材が必要となってきます。たとえば「教育の現状」について書こうという場合について説明してみましょう。

①**知識素材**／受験対策一辺倒の教育現場の状況、落ちこぼれの問題、校内暴力の多発、学校教育法などの法律。これらを論述の材料に持ち込めば、それが知識素材です。

②**批判素材**／偏差値重視による点数万能主義の弊害、そうした教育が生む少年非行、教師のサラリーマン化と校内暴力など、考えをすすめていく中で批判素材が豊富になっていきます。

③**実践素材**／中学や高校での具体的な取り組みの成功例などを挙げたり、さらにそれにいろいろ検討を加えたりして、実効性の期待できる提言や提案を行う。これが実践素材です。

こうして素材が用意できたら、あとはこれらの素材を選別して、配合の割合を決めて、調理していきます。しかし実際に調理する（書き出す）前には、どんな盛り付け（構成方法）にするかをあらかじめ決めておかなければなりません。さらにそれをどういうイメージで仕上げていくか（書いていくか）なども含めて、調理メモ（構成メモ）にしておきましょう。

落語に学ぶ　辰濃和男

出典●『文章のみがき方』辰濃和男／平成十九年刊、岩波新書。いい文章のいちばんの条件は、これをこそ書きたい、伝えたいという書き手の心の、静かな炎のようなものだ―。そんないい文章を書くための道筋を示してくれる本。著者は朝日新聞で十四年間「天声人語」を担当。

落語の影響を受けた作家が何人か紹介されています。まずは夏目漱石。『吾輩は猫である』をはじめ、たくさんの作品に落語の影響があったといわれています。『草枕』でも次のような場面があります。主人公と髪結床の親方との会話です。

「おい、もう少し、石鹸《しゃぼん》を塗《つ》けて呉れないか。痛くつて、いけない」

「痛うがすかい。私《わっち》や癇性でね、どうも、かうやつて、逆剃《さかずり》をかけて、一本々々髭の穴を掘らなくちや、気が済まねえんだから、――なあに今時《いまどき》の職人なあ、剃《す》るんぢやねえ、撫でるんだ。もう少しだ我慢おしなせえ」

「我慢は先《さっき》から、もう大分したよ。御願だから、もう少し湯か石鹸をつけとくれ」

「我慢しきれねえかな。そんなに痛かあねえ筈だが。全体、髭があんまり、延び過ぎてるん

だ」

といったふうに会話が続いていきます。この二人の会話のなんともいえない呼吸が実におもしろい。そして、この状況のおもしろさはまさに落語です。

漱石ばかりでなく、二葉亭四迷が言文一致体で書きはじめたときの先生役も落語でした。太宰治も古本屋で落語本を買ってよく読んでいたそうです。戦後の焼け跡派文士の代表格である坂口安吾も自分自身で「講談落語の話術を大そうとりいれました」と書いています。

イギリス風のユーモアと落語との間には重なりあう部分が大きいと思われます。〈**イギリス風のユーモアが、人間をいつくしむことを知るゆとりを持っているように、落語もまた、人間の本性を突き放して見ており、しかもそれを笑いにもってゆくというゆとりがあります**〉。

文章を書くうえで落語からたくさんのことを学ぶことができます。では実際に落語のどんなところからなにを学べばいいか。本書では次の五つのポイントが挙げられています。

①**自分のおろかさをおおいに笑い飛ばす精神を学ぶ**
②**人びとのおろかさ、けなげさ、悪賢さを笑いながら、浮き世のならいを知る**
③**えらそうなことや自慢話を書いたとき、ナンチャッテと省みる余裕がでてくる**
④**落語の流れのよさに学ぶ**
⑤**落語にでてくる平易な言葉に学ぶ**

文章で笑わせる

清水義範

出典●『心を操る文章術』清水義範／平成二十六年刊、新潮新書。「笑わせる文章」「泣かせる文章」などの五章で構成。文章は人柄が書く。しかし工夫すればさらに人の心に届きやすい。そんな工夫のあれこれがアドバイスされている。著者は小説家、日本語に関する著書も多数。

文章で人を笑わせる。これは泣かせるよりもむずかしい。笑える文章を書くための技を磨くためには、まず「人はどんな時に笑うか」を分析的に考えてみることが必要です。著者は、それを七つに分類して解説しています。

①緊張と弛緩による笑い

〈葬式というおごそかな場で、時として笑いがこみあげておし殺すのに苦労する〉といったことを経験した方も多いと思います。このように緊張がふっと弛緩する時、人は笑います。

②バカバカしさの笑い

〈あんまりバカバカしい話というのも、きくと笑ってしまうものです〉。「×××人が電球を取り替えようとする時、テーブルの上に乗ってソケットに新しい電球をあてがう。そしてみんなでテーブルを回す」。こんなお国柄ジョークなどもその例の一つです。

③物真似の笑い

〈考えてみると不思議ですが、何かの物真似をされて、それが似ていると笑ってしまう〉。これは文学のパロディにもつながります。物真似ではありませんが駄洒落などもこの類です。

④意表を衝かれるアイデアの笑い

鰻の語源を聞かれて「体が長いので、鵜《う》がのみこもうとすると難儀する。鵜が難儀するから鵜難儀、うなんぎ、うなぎとなったんだ」と答える。こういったアイデアです。

⑤余裕、満足の笑い

書き手の余裕やゆとりが伝わってきて、なんとなくいい感じで読めて、ついつい口の端がゆるんで笑顔になる。夏目漱石の『吾輩は猫である』などもそんな小説の好例です。

⑥感心、納得の笑い

ものごとの、うまい説明というのは人を感心させます。「井の中の蛙、大海を知らず」などといったことわざも、初めてきいた時は「なるほど」と人々は膝を打ったはずです。

⑦思考の盲点を衝かれる笑い

それまで気がついていなかったが、言われてみると確かに面白い。そんな、人がまだ面白いと気がついていないものに、面白さを発見して伝える。ちょっと知的な笑いです。

ネタの発掘法

加藤　明

出典●『「もっと読みたい」と思わせる文章を書く』加藤　明／平成二十五年、すばる舎刊。朝日カルチャーセンター「編集長のエッセイ塾」での文章講座の内容をベースにまとめられた。エッセイの書き方の基本が分かる。著者は元朝日新聞社社会部デスク、週刊朝日編集長。

読まれるエッセイのネタは、どんな着目点で拾ってくればいいのでしょう。本書で取り上げられている秘訣の中からいくつかご紹介してみましょう。

①リアルに書けるネタを探す

〈リアルさは読まれるエッセイを書くうえで大変重要です。内容がリアルでないと読まれません。リアルだからこそ話の内容に説得力が生まれるのです。リアルさを支えているのが話の細部です。細部がリアルでないと、読み手に話の内容が十分に伝わっていかない。**ディテールの積み重ねによって**、**全体のリアリティが生み出される**のです〉。

仕事や身の回りでのこと、日常のちょっとしたドラマなど。自分が一番くわしい世界こそ、リアルに書けるネタの宝庫です。まずはここから始めましょう。

②鉱脈を深掘りする

どなたにもネタの鉱脈があるはず。あっちのネタ、こっちのネタと広く浅く書いていては上達は望めません。〈「深さ」を求めるなら、自分が一番詳しい世界を掘り続けるに限ります。その世界を深く知っているからこそ、深い内容の話が書けるのです〉。

〈**ネタの鉱脈を一つ徹底的に掘削していくことで、内容ばかりか書き手の観察眼、洞察力、文章センスが格段に磨かれていきます**〉。これを演じればだれもが唸る——。芸事には十八番《おはこ》というものがあります。ネタの鉱脈も同じだと心得てください。

一度書いた話を、時間を置いてまた書き直してみることもやってみましょう。〈同じネタでも、二十歳で書く場合、四十歳で書く場合、六十歳で書く場合、それぞれ違った作品になっていきます。いいネタには書き終わりということがありません〉。

③観察力がネタを生む

ネタを探すのではなく、観察力によって自らネタを生み出していくこともできます。絶対に読まれるネタをここから引っぱり出してやるぞ、といった覚悟を持って観察することでネタを発掘してみましょう。観察力を鍛錬すれば、ネタが尽きるということはなくなるはずです。

読まれるエッセイを書く極意は①好奇心②観察力③ユーモア精神の三つ。なかでも大事なのが観察力だといえます。〈**観察力こそ、ネタを自ら生み出す魔法の箱なのです**〉。

書くためのレシピ

後藤禎典

出典●『時速1000字で書く技術』後藤禎典／平成二十年、すばる舎刊。「わかりやすくて正確な文章を、素早く書く力」を身につける。そのための文章作成の四つのプロセス（①考える②メモを作る③文章化する④推敲する）について解説されている。著者は文章アドバイザー。

頭の中で書くことを定めるには「考える」という作業が必要です。しかし、どんな料理を作るかも決めずに、適当に材料を買い漁っても、無駄になるものや足りないものが出てきます。そうならないために、あらかじめ書き出して準備しておきたいのが「書くためのレシピ」です。これがあると「考える」作業の時間を大幅に短縮することができます。

「書くためのレシピ」は次の六つの項目で構成されます。

①何について書くのか（テーマを定める）

自覚できているようで、意外と自覚できていないのが、文章のテーマです。与えられたテーマが漠然としている場合は、より具体的な小さなテーマを自分で設けることが必要です。

②どの文書を書くのか（文書の種類を定める）

レポート、小論文、報告書、企画書、随筆、紀行文など――。この文書の種類によって次の③に記入する「文章に盛り込むべき項目」など、文章のさまざまな要素が規定されます。

③どんなことを書くか（**書くべき項目を定める**）

盛り込むべき項目を箇条書きにしていきます。小論文であれば「論点（問題点）」「背景（問題にする理由）」「意見（結論）」「根拠（論拠）」など。こうした項目を、初めから因果関係などを意識して並べておけば、その順に具体的な中身を書き記していけばいいことになります。

④誰に書くのか（**読者を定める**）

読み手に伝わる文章を書くためには、具体的な対象を設定して、その相手を意識して書く必要があります。その内容が相手に通じるかどうかをたえずチェックしなければなりません。

⑤何のために書くのか（**書く目的を定める**）

書く目的には二つの次元があります。業務日誌の場合には、一次目的（直接目的）は「知識や情報、経験を記録すること」、二次目的（究極目的）は「あとでそれらが利用できるようにすること」。一般的な文章では、多くの場合「読み手の共感を得ること」が二次目的になります。

⑥どう書くのか（**文章のタッチや展開法を定める**）

主観的に書くか、客観的に書くかを決めます。合わせて③の「書くべき項目」を参照しながら文章の展開方法（結論をまず述べるか、締めくくりにもってくるかなど）も考えておきます。

ともかく書きはじめよ

渡部昇一

出典●『続　知的生活の方法』渡部昇一／昭和五十四年刊、講談社現代新書。なにかアイデアがあり、それを論文にまとめる。それはきわめて機械的で継続的な、ほとんど農耕的といってよい作業なのだという、異色の文章術が教示される。著者は上智大学教授（執筆当時）。

筆者の卒業論文の執筆にまつわるエピソードが紹介されています。ラフカディオ・ハーン（小泉八雲）をテーマに書くため、全集はもとより、関連する本や論文はすべて読もうと決心します。こうして調べているうちに、きっとハーンの思想をまとめる論文の構想が浮かび上がってくるはずです。しかしそうはなりませんでした。資料にあたっているあいだに浮かんでくるアイデアはメモにはなっても論文にはなりません。

締め切りが迫ってきます。もうあと一か月半しかありません。否応なしに第一章から書き出さざるを得なくなります。そして筆者は「はた」と気づきます。第一章を書いたとたんに、新しく調べたり、チェックしなければならないことが、続々と出てきたのです。

書き出す前にとっていたメモは意外と役に立ちません。これに反して書きながらのアイデア

は、チェックしてすぐに論文に組み込んでいけます。書き出す前のあの調べものに費やした膨大な時間はいったいなんだったのだろうということになります。こうして締め切りに追われて急いで仕上げた論文は結局間に合わず、首尾も一貫したものになりませんでした。

これを教訓にして、大学院の修士論文では論文を仕上げるプロセスをがらりと変えます。テーマを決めたら、まずは問題のありかをしぼるために集中的にその関係の文献を読んで、だいたいの構想を立てます。それがおわるとすぐに第一章から書き始めました。〈書きはじめると、また調べなければならないこと、チェックしなければならないことが具体的に見えてくる。それをやると、最初の構想は無理なことがわかり急に修正したり、一部放棄したり、新しく追加したりしなければならなくなる〉。しかし今回は早くから書きはじめていますから、時間はたっぷりあります。余裕で提出期限に間に合いました。

この件で学んだことは「ともかく書きはじめること」だということです。**一応の構想やら書いてみたいことが浮かんだら、まずは書きはじめてみる。書きはじめてみなければなにもわかりません。書き出す前の構想などは、実際は一枚目を書いたとたんに飛び散ってしまうことだってあります。**

こうしたことにめげず、疑問が生じたらチェックし、最初正しいと思ったことが間違いだったら書き直す。こういう作業を根気よく繰り返すことが論文を書くということなのです。

第二章

構成術

どんな順序で書くか

さあ書くぞと机に向かってもなかなか書き出せるものではありません。どんな組み立てで書くか——。エッセイや小論文など、文章の種類でも基本的な構成方法は変わってきます。あと、以降の文章の流れを決めてしまうのが書き出しです。このあたりのノウハウもご紹介します。

材料をポンと投げ出す

青木雨彦

出典❺『はじめてコラムを書く』青木雨彦／昭和六十二年、主婦の友社刊。コラムニストとしてどういうふうに文章を書いているかといったことを中心に、どうしたら入選できる新聞の投稿記事や社内報などの記事が書けるかについて書かれた、文章の書き方の実用的な入門書。

書き出しの最初の一行にはニュースがないといけないといわれます。つまり「あら、まァ」という驚きが必要です。コラムは見出しもなければ、署名もない場合が多いので、書き出しの一行で読者の興味をつかんでしまわなければあとを読んでもらえません。

コラムだけでなく、文章は書き出しがモノを言います。でも、いきなり本題に入らずに紋切り型のことを書いてしまいがちです。こうした書き出しの部分は思い切って削ってしまって、**いきなり本題へ入るようにすると、驚くほどすっきりとビビッドな文章になります**。

扇谷正造さんに「『**とにかく、大変だった**』**と書け**」という名言があります。〈「とにかく、大変だった」のあと、自分がいちばん強烈に感じたことや目に映った何かを続けます。風景でよし、物でよし、人でよし、事柄でよし。たとえば「とにかくたいへんだった。床の下から白骨が出てきたのである」などと書き出せば、あとはスラスラすべり出すから不思議です〉。

文章の書き出しはやはりどうしても力が入るというか、気を遣います。なかには気を遣わないように見せて、ひどく気を遣っている人もいます。雑誌「広告批評」の編集長だった天野祐吉さんなどは、その典型的な例でしょう。

書き出しを「どういうわけか」で始めたら、次の原稿もそれで始める。しばらくそれで通し、あきたら今度は「それにつけても」という書き出しにする。ご本人は「自分はモノグサだから」とおっしゃいますが、これは天野さん一流の韜晦《とうかい》です。凝っていないようにみせて、実はひどく凝っているのです。

青木雨彦流の手法は、

「**ナントカ、カントカ**」

と言ったひとがいる。××の〇〇さんである。

という書き出しです。『思いやりって、なんだろう』と言ったひとがいる。小説家の吉行淳之介さんである」といった具合に始めます。それから、テーマである「思いやり」について論じはじめるわけです。

こうした書き出しは「**読者の前に、材料をポンと投げ出す**」というやり方だと言ってもいいでしょう。その材料をもとに、読者といっしょにものごとを考えはじめるのです。

まずは文章の燃料を

井上ひさし

出典●『自家製　文章読本』井上ひさし／昭和五十九年、新潮社刊。谷崎潤一郎や三島由紀夫などの文章読本をはじめ東西の豊富な文献を縦横無尽に駆使しながら、「話すように書くな」などといった従来の文章術の常識を覆すような井上ひさし流の文章作法が展開されます。

「文章は起承転結で組み立てろ」「いや構成などよりできるだけよい文章を読むべきだ」などなど、文章をどう組み立てればいいかが文章術の本でさまざまに論じられています。しかしそんなことの前にもっと重要なことがあるはずだと筆者はいいます。

〈**だれに向ってなにを書くかをぎりぎりしぼりあげる。とにかく「書かねばならぬ」という思い込みが文章の燃料になる**〉。それができてこそはじめて「どう書くか」の段階になるのです。混沌未分の内容を文章にまとめあげるのは〈塗箸《ぬりばし》でソーメンを食べるような大事業〉。よほど覚悟してかからないと、このむずかしさを乗り越えることはできないでしょう。この部厚い壁を突破する燃料が必要です。

文例として奥羽の博労で亀という男が書いた手紙が紹介されています。

一金　三両
ただし馬代
右馬代　くすかくさぬかこりやだうぢや　くすというならそれでよし　くさぬといふなら
おれがゆく　おれがゆくならただおかぬ　かめのうでにはほねがある

貸した馬代を返すのか返さないのか。返さぬというならこちらにも考えがあるぞという内容です。なんとも物騒《ぶっそう》で勢いのある手紙です。相手は震え上がったにちがいありません。

この亀の手紙には①なんのために（目的、動機、用途）②なにを（文章の中心思想）③どのように（語り口、文章型式《フォーム》、文体）の三点がつくされています〉。目的は「貸金」を返してもらうこと。中心思想（書きたいことをぎりぎりまでしぼりあげたもの）は「どうあっても取り立ててやる」でしょうか。語り口は七五調で押し通してたいした迫力となりました。

どうしても書かねばならぬという切実な思いがあってこそ、それが燃料となって書き進めることができるのです。その**書かねばならぬ内容（中心思想）は短文にまとめておかねばなりません**。ではどうやってまとめるか。それは餅搗《もちつ》きの要領です。

思考をこねては資料や取材した内容とまぜあわせ、またこねる。これを繰り返します。〈**こうして練りあげられ、鍛えあげられた短文、文章の中心思想こそ、文章の燃料にほかなりません**〉。中心思想が固まればおのずと語り口はひとりでに見つかります。

文章力は段取り力

齋藤　孝

出典●『誰も教えてくれない　人を動かす文章術』齋藤　孝／平成二十二年刊、講談社現代新書。文章を書くときのポイントは「上手いか、下手か」にあるのではなく「人を動かすか、否か」にあるという考え方でまとめられている。著者はテレビでもおなじみの明治大学教授。

文章を書くための段取りとはなにか。本書で紹介されているのはエッセイなどを書く場合の段取りです。次の五つの段取りがあるといいます。

①**ネタ出し**／書くべき事柄をメモに書き出す。
②**グループ分け**／ネタを書いたメモを三つのグループに分ける。
③**ゴールを決める**／最後の文章を決める。
④**タイトルをつける**／「つかみ」が大事。
⑤**通過地点を三つ定める**／②でグループ分けしたネタをもとに書き出す。

このなかで一番大切なのは③の「ゴールを決める」です。まだ書き出してもいないのに最後の文章を決めてしまうというのは奇妙に思われるかもしれませんが、これが固まっていると安心して書き出すことができるのです。

文章を書いていて、文の流れが定まらずに、書いている本人でさえ、ゴールが見えなくなることがあります。しかしあらかじめ結論となる一文を決めておくと、**「最後のこの一文につなげられれば、なんとか文章を締めくくることができる」という安心感から、落ち着いて書きすすめることができます**。

〈ただ、気をつけてほしいのは、ゴールとして定める結論を道徳的なものにしないこと〉。「これからは人に迷惑をかけないように生きていこうと思いました」などというのは最悪です。〈文章の結論には、もっと発見が必要です。私たちが目指す文章は、凡庸に流れてはいけません。自分の認識や発見をもっともっと込めるべきなのです〉。

次のステップは「タイトルをつける」。ここでおすすめなのが、「～なのはなぜか」といった疑問文の形のタイトルです。読み手を惹きつけるだけでなく、疑問形にすることで書き手のあなたもゴールへ向かって謎解きをしつつ書きすすめていくことができます。渋沢栄一に『論語と算盤』という著作がありますが、このように距離のある二つのものがセットになったタイトルもいいでしょう。読み手に「なんで？」と思わせる効果があります。

さあ、ここまで来ると、あとは⑤。グループ分けしたメモをもとに、三段構えに組み立てた論法で、あらかじめ決めてあるゴールの一行へ向けて書きすすめていけばいいのです。

新聞コラムに学ぶ

堀川直義

出典●『伸びる男の文章上達法』堀川直義／昭和五十八年、日本経営者団体連盟弘報部刊。「文章を書くのに、手っ取り早く上達する方法はないのか」という声に応えた書。第一章は「促成栽培文章上達術」。著者は朝日新聞記者などを経て成城大学名誉教授（執筆当時）。

毎朝、その日の新聞コラム（朝日新聞の「天声人語」や毎日の「余録」、読売の「編集手帳」など）を読んで、文章の上達をはかろうという提案です。いずれも原稿用紙二枚程度。教材として手ごろな長さです。でも読むだけでは勉強になりません。目のつけどころがあります。

①短くて簡潔。歯切れのいい文章を学ぶ

新聞コラムの一つの文章の字数は平均すると三十〜五十字弱といったところでしょうか。新聞記事のほぼ半分の長さとなっています。ムダのない簡潔な短文をどうリズムよく綴っていくかのいいお手本になります。

②テーマの選び方を学ぶ

ただのエッセイではなく、やはり新聞のコラムですから、なにかニュースやできごとにからんだ文明批評といった趣のものが多くなります。「テーマ探し」という観点から、たとえば前日のニュースを読んで、じぶんだったらどのテーマを取り上げようかなどと考えてみましょう。

③ 起承転結の構成法を学ぶ

その気になって新聞のコラムを読めば、文章構成は「起承転結」になっていることが多いことに気がつかれるはずです。たとえばある年の「天声人語」の元旦号。

起／未明に羽田空港をたって北陸に飛ぶ。雲海の暁が美しい、という導入
承／それを承《う》けて、小松空港についてからの北陸の鉛色の荒天を描写する
転／ここで話を転じて、日ソの冷戦、重税、軍事力の増強などこの年の現実世界の荒天模様
結／そこでこの荒天を生き抜くためには政治参加が必要であり、春を待つ北陸の人々とともに鉛色の空のはてにあるものを希求したい、としめくくる

こうした「起承転結」の話の持っていき方を新聞コラムから学びましょう。

④ 書き出しのパターンを学ぶ

新聞のコラムは、実にさりげなく書き出しています。しかし、よく見ると、そこにはいくつかのパターンがあるようです。一番書きやすい書き出しは「時」と「所」から始めること。「むかしむかし、あるところに」という物語の書き出しと同じです。そのほか「俳句」や「ことわざ」で始めるケースもよく見られます。このように書き出しにはいくつかの型があります。

コンテを書く

和田秀樹

出典●『大人のための文章法』和田秀樹／平成十五年、角川書店刊。自らのフリーライター時代やベストセラーになった『大人のための勉強法』執筆当時のエピソードを織りまぜながら「和田式」文章術が解説されている。「文章は苦手」という方への格好の入門書。

テーマも決まった。情報も集まってきた。さあ書き出そうという前にもう一つ忘れてはならないステップがあります。それが「コンテづくり」。〈**どういうことをどういう順序に書くかを示した、いわば文章の設計図**〉です。これから書く文章の目次にあたります。

小説など感性が重視されるものなら別ですが、日常的に書かないといけない報告書や企画書においては〈伝えたい内容を正確かつ説得力のある形で表現しなければなりません〉。

とかく文章を書くのが苦手という方は、なにをどう書いていいかわからず、原稿用紙やワープロを前に一文字も書けずに悩んでいるということが多いようです。設計図もなしに場当たり的に文章を書こうとしているのですから、筆が進まないのも無理はありません。そこで必要となってくるのが、書き出す前の設計図、コンテなのです。

〈自分がその文章を通じて主張することを、どういう論理構成で伝えていくかを考えるのがコンテづくり〉ですが、最初から完成度の高いものを書く必要はありません。まずは思いついたことを箇条書きすることで十分。ただ、単なる箇条書きと違うのは、論理構成を意識して、書くものの順序が考えられている点です。

コンテづくりを始める前にタイトルを決めて全体の方向性を定めておくこと。これも大切です。そして書きたいこと、主張が読み手に説得力のあるものとして受け入れられるかを考えながら全体の構成を考えていきます。最初から完成度の高いものを書く必要はありません。まずは思いついたことを箇条書きにしていきましょう。そして論理的に並べ替えます。

少し長い文章の場合のコンテは、章のタイトルを並べたようなものとなります。そんな場合は、章ごとに盛り込む項目をいくつか書き出して、コンテづくりと同じ要領で論理的に構成していきます。一冊の本のコンテが簡単に作れてしまうわけです。

最初に述べたように、コンテづくりは本の目次そのものです。一度身近な本の目次を眺めてみてください。目次には著者や編集者の長年の経験に基づいたノウハウが詰まっていることに気づくはずです。小論文とかには「問題提起」「意見提示」「展開」「結論」といった構成の型があります。こうしたものの中から**コンテづくりに役立つ型をいくつか見つけてマスターしておけば、文章を書くのが楽になり、表現のバリエーションも広がります。**

随筆は三点セットで

吉岡友治

出典●『いい文章には型がある』吉岡友治／平成二十五年刊、ＰＨＰ新書。文章を「主張型」「ストーリー型」「直観型」の三つに分類して、それぞれの文章の型について論じられている。文例も適切で分かりやすい。著者は長年代々木ゼミナールで国語や小論文の講師を務めた。

直観型文章として取り上げられているのが随筆とかエッセイと言われている分野。いわゆる「筆の赴くままに書きつづった文章」です。しかし〈随筆にまったく定型や構造、パターンがないというわけではありません〉。ではどんな仕組みで書かれているのか。その構造とは〈**体験・感想・思考の三点セット**〉なのだといいます。

〈体験は「自分の身に起こったこと」、感想は「そのことに対する感じ方」、思考は「そこから考えた内容」〉のこと。つまり、なにかの出来事があって、それによってなにがしかの感情が生じ、そこからあれこれの問題について考えていくという構造です。

例文として次の一文が挙げられています。

「昨日うちのポチが死んだ。十五歳だった。イヌにしては長命な方だろうが、本当に悲しかった。……（ひとしきり愛犬との思い出を語って）……そもそも人間とペットの関係というものは……」

最初に愛犬の死という体験とそのときの感情が述べられていますが、これだけでは個人的な話となります。しかしペット一般の話になったところで、読み手は「これは自分にも関係がある」と身を乗り出すのです。話が、読み手にも関係のある普遍的な内容になりました。

当然、体験・事実は大事だし、それを見たり聞いたりしたときの感想も重要です。しかし忘れてはならないのが、**これらを手がかりにして、話を人間一般・社会一般にまで広げていくこと**なのです。ただ、こうした思考はついつじつま合わせの方向に行きがちですから、そうならないためにも体験や感想をまずしっかりとまとめておくことが必要になってきます。

とはいってもやはり随筆が伝えたいポイントは「思考」の部分です。これを忘れては読者にとって読む意味がありません。まずは、多少は前後のつじつまが合わなくてもいいから、体験から得た感じとアイデアを重視して、「思考」の部分の文章を構成してみましょう。

〈**個人的体験・感想のところは思考を発展させるための助走部分**であるので、発想の始原とはいえ、メッセージとしては二の次になります。この一見矛盾した構造、つまり、**体験に即して発想しながらも、その発想は体験を離れて一般化する。これが、随筆の本質的な仕組みなのです**〉。体験・感想・思考の三点セットで書く随筆、一度チャレンジなさってください。

構成は「こざね法」で

梅棹忠夫

出典●『知的生産の技術』梅棹忠夫／昭和四十四年刊、岩波新書。著者は京都大学人文科学研究所を経て国立民族博物館館長を歴任した文化人類学のパイオニア。メモの取り方、カードの利用法、原稿の書き方など、知的活動に必要なさまざまな技術について考察されている。

なかなか筆がすすまないというのは、まだ考えが十分にまとまっていないケースが多いと著者はいいます。そんなときに**原稿の素材となるものを整理し、まとめていくための技法が「こざね法」**です（中世の鎧は、鉄や皮の小さな板を糸で綴り合わせて作られていますが、こざねはその小さな板のこと）。「こざね法」は次のような手順で行います。

①B8判くらいの紙きれ（これが「こざね」）を用意して、**書こうとしている主題に関係のあることがらを単語や短い文章で、思いつくままに一枚に一項目ずつどんどん書いてゆく**。溜めていた切り抜きや参考にしたい書物からも一度この紙に書き出しておく。

②この紙きれを一枚ずつ見ながら、それと**つながりのある紙切れはないか探して一緒に並べる**。この際注意したいのは分類するのではなく論理的に筋が通ると思われる順序に並べるとい

うこと。そして**このひとかたまりになった紙きれをそれぞれが読めるようにホッチキスで留める**。これを「こざね」の列と呼びます。

③時間を置いてまた新しい素材を思いついたら「こざね」の列を解体して新しい「こざね」を追加、列の組み換えを行うという作業を繰り返す。

④こうして「こざね」の列をいくつか完成させる。論理的なまとまりのある一群の「こざね」の列ができたらそれらをクリップで留めて、見出しを書いた紙切れをつけておく。

⑤少し寝かせておいたあと、これらの**「こざね」の列を何本も並べて、文章全体としての構成を考える**。ここまでくれば書くべき内容が固まり、文章の構成もほぼできあがってくる。あとは「こざね」の列を順番に見ていって、その内容を文章に書き下ろしてゆくだけ。

以上が「こざね法」のあらましですが、これは〈**いわば、頭のなかのうごきを、紙きれのかたちでとりだすというもの**〉。〈ばらばらな素材をながめて、いろいろとくみあわせているうちに、おもいもよらぬあたらしい関係が発見される〉という利点があります。創造的な思考も促してくれます。論理的な、少しまとまった文章を書く際に大きな助けとなる方法です。

「こざね法」に似た方法で、複数の人たちの衆知を集めるものとしてはＫＪ法があります。これは東京工大の川喜田二郎教授が提唱された方法です。詳しく知りたいという方は『発想法』（川喜田二郎著、中公新書）をご覧ください。

「起承転結」より「序・本・結」　江藤茂博

出典●『文章力をアップさせる80の技術』江藤茂博／平成十三年、すばる舎刊。文章を書くうえでの疑問やとまどいに対する答えが八十項目にまとめられている。ドリル付き。著者は予備校講師を経て十文字学園女子大助教授（執筆時）。専門分野は文芸・映像・メディア論。

起承転結というのは、四行からなる漢詩の絶句の組み立て方に由来します。「起」で話題を提出し語り起こして、「承」でその話題をうけて内容を展開する。次に「転」で一見無関係な話題などに文脈を転換させて、「結」でそれらを統合した次元での全体のまとめをする。そんな四段構成のことです。左の頼山陽《らいさんよう》の俗謡も起承転結になっています。

起　京の五条の糸屋の娘
承　姉は十七　妹は十五
転　諸国大名は弓矢で殺す
結　糸屋の娘は眼で殺す

〈こうした**「起承転結」の構成は内容を一度転じてから統合する「イメージ統合型」**です。論理性や論証性が求められるリポートや論文のスタイルとしては難点があります〉。〈ひとを説得するには、「起承転結」のようなレトリックよりも、事実からの鋭い分析力とそれに基づく判断力が求められるからです〉。

明快な論理性を組み込みやすい文章構成法には「序・本・結」という表現様式があります。

①**序／書き出し。本題の内容を読み手が無理なく受け入れるための話題を提供する。**

問題設定や企画立案に至る状況などを説明します。読み手が論旨の行方を容易に想像できないような場合は、あらかじめ結論じみたことに触れておくといいでしょう。

②**本／本論・本題のこと。有効な材料やデータを示して主張したい内容を論証していく。**

ここでは、結論に至るまでの経過を論理的に組み立てていきます。前半では、具体的に書くことを心がけ、必要に応じてデータや統計、資料を駆使します。そして、そうした具体性や客観性を受けて、後半で主張したい意見や論証したい事柄を述べます。

③**結／全体の結論を再び、そして簡潔に書く。**

結論は、本論によって十分に必然性が証明された内容です。あいまいな表現を使わないで、本論の後半で論証し指摘したことを力強く繰り返し強調します。

以上が「序・本・結」の組み立て方です。**論理性に裏づけられたデータや資料で、結論へと導いていく「積み上げ型」の構成方法**だといえるでしょう。

見取図づくり　千本健一郎

出典●『「書く力」をつける本』千本健一郎／平成十年、三笠書房刊〈絶版〉。「書く力」の三原則「正確」「簡潔」「明快」に則って読み手を引き込む文章をどう書くかを学ぶ。著者は「週刊朝日」「朝日ジャーナル」記者などを経て朝日カルチャーセンター文章教室講師。

書きはじめてみたが、話が堂々巡りしてしまって、さっぱり前へ進まない。そんな経験をお持ちの方も多いのではないでしょうか。そんなときにおすすめしたいのが、書きはじめる前の「見取図づくり」。これがあれば、たえず自分がこれからどこへ向かおうとしているかを確認しながら書きすすめていけます。いわば地図です。この見取図は、以下の五項目から成ります。

①何と何を伝えなければならないか（盛りこむべき材料の確認）
②材料の優先順位をどうつけるか
③どんな関連事項をどこに、どう配置するか（話にメリハリをつけるため）
④全体として論理＝話の筋道は通っているか
⑤その結果、いいたいことをいいきっているか

こうしたチェックポイントを確認しつつ「趣旨と論拠は過不足なく提示されているか」「赤の他人にきちんと伝わるだろうか」といった意識をはたらかせながら書くことが大切です。

文章を書くにあたって注意したいことは〈いかにみずからの思いのたけ、あるいは感じたままを詰めこむかというより、どうすれば自分の考え方を過不足なく通じさせられるか〉という点です。〈「私」に始まって「私」に終わるつぶやきとは、そこが根本的に違います〉。

したがって①これで読み手はおもしろがるか（見ず知らずの人が食いついてくれるほどのイキのいい題材か）②これで相手の胸に落ちるか（包丁さばきは万全か）といったことを省みることが重要になります。

〈「書く」とは、書き手がみずからの既知の輪から出ようとする行為といえます。それによっておのれの意識の世界をひろげ、自分自身を変えようとする試み、といってもよさそうです。これまでとは違う何かを体験した。発見した。それを書くことによって、これまでの自分とは違う何者かになろうとする。そのために**体験を再構成することで、自分なりの意味を確認し、自分自身を再発見していく行為**なのです〉。

それと同時に、それを他者に伝えることによって、今度は読み手を相手の既知の輪から誘い出そうとする。〈あれこれと工夫をこらして**相手の顔をこちらに向かせ、少しずつ先方の既知の輪、固定観念を溶かしていく。それが「書く」ということなのです**〉。

「転」より始めよ

岸本葉子

出典●『エッセイ脳』岸本葉子／平成二十二年、中央公論新社刊。筆者がエッセイを書くときに、頭の中で起きていることをとらえ直し、分析したもの。八百字から千二百字までのエッセイを書くときにどんなことを考え、どんなところに注意し、工夫しているかがよく分かる。

起承転結は「結」が大事だと言われますが、エッセイでは「転」こそが、題材であり、具体的なエピソードになります。「けれども」や「しかし」で話を転じるのではなく、いちばん書きたいことを「転」にもってくる。これがポイントです。

エッセイの起承転結は「ある、ある、へえーっ、そうなんだ」という流れになります。「ある、ある」が「起」「承」であり、「へえーっ」が「転」、「そうなんだ」が「結」にあたります。「へえーっ」と思ってもらえるのが、エッセイの要であって、ここからエッセイは発想しなければいけません。

このように、**エッセイの構成では「転」が中心に**なります。では、そのほかをどんな手順で組み立てていけばいいでしょうか。これは、テーマが自由なエッセイとあらかじめテーマが与えられているエッセイとで、若干違ってきます。

とくにテーマが決められていない場合、さてなにを書こうかと、まずテーマを考えるという方が多いかもしれません。しかしそれは順序が違います。テーマというと、抽象的で、通りいっぺんのことになりがちです。まずは、経験や人に聞いた話の中から「へえーっ」に持ってこられそうな題材を探す。テーマは後から決めればいいのです。

オリジナリティを出すのは題材、つまり「へえーっ」の部分です。この「転」を軸にしてそれにつながっていくような「起」「承」を考えます。「結」はどちらかというと付け足しといった感じでいいでしょう（テーマが決まっている場合は「結」でテーマに関連づけます）。

日常会話でも「ある、ある」「へえーっ」「そうなんだ」の流れで話すことがよくあります。例えば「けさ家を出ようとしたら鍵がない」（起）「きのう着ていた服のポケットとか鞄の中をひっかき回して探した」（承）「そしたらどこにあったと思う？　なんとドアの鍵穴に挿したままだった」（転）といった具合です。で、「結」はどうするか。これはテーマが決まっていませんから、言ってみれば何でもいい。「これからは、飲み過ぎに気をつけようと、改めて思った」とか「最近いちばん驚いたことだった」などと締めくくります。

エッセイの構成もこんな風に起承転結の「転」を中心に構成を考えていくとあれこれ迷わずに書きすすめていけます。

分割工法で書く

奥山益朗

出典●『文章テクニック　人をうごかす表現とは』奥山益朗／昭和五十年、朝日ソノラマ刊。月刊「青年」（日本青年館発行）の連載記事に加筆、再構成したもの。朝日新聞社で三十年余りにわたって、雑誌の編集に携わっていた頃のエピソードなども書かれていて興味深い。

一般的に、なにか書かないといけないという時には、なんらかの外からのワクがはめられています。学校での作文や入社試験での作文などにも課題がつけられます。こうしたワクや課題は時にはずいぶん漠然としたものも多く、「さてなにをどう書いたらいいものか」と頭を抱えてしまうことも多いでしょう。

こんな場合にお薦めしたいのが「**自分をしばってしまうこと**」。**外から与えられた大きなワクをさらにいくつかの小さなワクに分けるのです**。

たとえば原稿用紙二十枚ということなら、まず原稿用紙を五枚ずつ四つに分けてしまいます。そして今度は、課題やテーマをブレイクダウンした内容で、五枚それぞれに中見出しをつけておくのです。こうして分割してしまうと、原稿もまとめやすくなり、かつ原稿の全体像をあらかじめ見通すことができます（四分割でなくともOK。三分割でも五分割でも構いません）。

以上が文章を書くための分割工法ですが、利点としては次のようなものがあります。

①文章を書くための時間のメドが立てやすい

原稿用紙二十枚と聞くと「こりゃ一大事」となりますが、五枚ずつABCDと四つに分けておくと「それじゃあ、五時間もあれば出来るだろう」ということになります。

②五枚ずつを四日に分けて書くこともできる

忙しいときなどでも、今日はA、二日後にまたBといったふうに、分割したものを日を置いて書いていくこともできます。ただ、別の日に書くと、同じ言葉を漢字で書くか、ひらがなにするかといったことに一貫性を欠いてしまいがちです。あとで必ずチェックしてください。

③どの部分からでも書いていける

なにも始めから書いていく必要はありません。途中から始めてもいいし、最後のブロックを先に書いてしまってもいいでしょう。書きやすいところから取りかかればいいのです。もしCの部分にまだ調べたりないところがあるといった場合はCを抜かして書いていきます。

④書き直しも手間が省ける

分割しておくと、書き直しの際にも便利です。Bの部分が不満だった場合、そのBの部分だけを書き直せば、全体の構成に影響なく手直しができます。

結論が先か、根拠が先か

照屋華子

出典●『ロジカル・ライティング』照屋華子／平成十八年、東洋経済新報社刊。ビジネス文書をわかりやすく論理的にどう書くか──。「ロジカル・ライティング」の手法が紹介されている。著者は経営コンサルティング会社マッキンゼー・アンド・カンパニーを経て、独立。

〈「論理的な組み立て」と「説明の順番」とは異なる。組み立てのうえで、結論は頂点に位置するが、だからといって必ずしも結論から書くというものではない〉。ということで結論を先にもってくるほうがいい場合と根拠から書き出したほうがいい場合について解説されています。

★結論から先に伝えるのが有効なケース

①読み手がテーマを設定し、答えを待っている場合

たとえば販売状況の報告書などでは、当該商品の販売状況は結局のところどうなのかの答えを待っています。詳細説明を最後まで読まないと結論が分からないのでは困ります。

②読み手はすでに結論を承知しており、確認してもらえばいい場合

会議の議事録や、確認事項のメモなどがこれに当たります。結論から書くと、相手にとって冗長でなく、端的なコミュニケーションがはかれます。

③本論の全体像を速やかに理解してもらいたい場合

システム設計などの解説資料や複雑な特性をもつ新商品を紹介する文書など。詳細情報をながながと書き連ねたうえで、最後に「すなわち○○は、A、B、Cの3点がポイントになる」と結論をもってくると途中で読み手が迷子になってしまいます。まず結論からが原則です。

★根拠から先に伝えるのが有効なケース

①書き手が自らテーマを設定した場合

提案書や依頼文などで、根拠の説明より先に、いきなり「○○をお薦めします」とか、「××の取り組みをしたい」と述べたのでは、唐突感が強く、反発を招くおそれもあります。

②結論に対する読み手の反発が予想される場合

相手が想定していない結論や、相手の利害に反する結論の場合です。そんなときは「なぜ?」という根拠から説き起こし、それをふまえたうえで結論へと導いていく必要があります。

③読み手が状況や問題点を把握しつつ、結論への流れを理解するようにしたい場合

職場でコスト削減の業務改革を行うといった場合。コスト削減の必要性と、改革が不可欠なことを納得してもらうことが先決です。そのためには「これこれを実行する」と結論をぶつける前に、まずは根拠をていねいに示して、問題意識の共有化をはからなければなりません。

書き出し三つの型

森脇逸男

出典●『書く技術』森脇逸男／平成十六年、創元社刊。文章を書きたいけれど書けない人のために例文と解説で、読者にその気になってもらうという趣旨で書かれた入門書。筆者は読売新聞社で社会部を経て論説委員。六年余りにわたって一面コラム「編集手帳」を執筆した。

書き出しをどうするかは、文章を書くに当たってだれもがまずぶつかる難問です。手紙の場合などには「拝啓」「暑さ厳しいおりから」といった決まり文句が使われますが、普通の文章にはそういったものがありません。書き出しにどんなことを書くかは、その時々に応じて考えなければなりません。

〈初心者に勧めたいのは「自転車の練習をした」というように、ごく素直に、起こった順に最初のことから書き始めるか、こんなことを書くとまず宣言するといった書き方をすることです。これなら、それほど苦労しなくても済みます〉。

もう少し工夫してみようという方には、次のような「書き出し三つの型」があります。

①即題法（解題法）

〈題目に即して書き出すやり方で、題目を説明したり、定義を述べたり、あるいは結論を述べたりするものです〉。たとえば「クローン人間」という題の文章を〈クローン人間の問題は「すでに存在する人間を人工的に作る」ことにある〉などと書き出すタイプをいいます。実用文、とりわけ報告書や起案書などでは、この即題法が有効です。

② 題言法（前置き法）

〈ただちに主題に入らないで、筆者の感想、その文章をどうして書くことになったかという事情、あるいは読者への語りかけから書き出すやり方です〉。クローン人間の題だとすると〈「クローン人間の実験に実質的に成功した」というニュースを聞いたとき、驚愕と寒けを感じた〉などが、この型の書き出しだと言っていいでしょう。注意したいのは「これこれという事情で原稿を頼まれた」などという紋切り型の前置きにならないようにすること。

③ 破題法

〈主題とは関係のなさそうな話題や、情景描写、会話から始めるやり方で、意外性があり、読者は関心をそそられます〉。たとえば〈「あなたの値段を鑑定します」こんなホームページがインターネット上で大流行した〉といった書き出しです。別名「張り手型」とも言われ、ショッキングな情景や事件の描写で読者を引き込みます。ビジネス文書などでは、あまり主題から離れすぎたものだと、無用な反発を呼ぶ恐れがあるので要注意です。

トピックセンテンスで転じよ

樺島忠夫

出典●『文章構成法』樺島忠夫／昭和五十五年刊、講談社現代新書。文章の骨組みの作り方のほか、主題の見つけ方などについても解説されている。長文を書く方、必読の書。著者は執筆当時京都府立大学教授で、長年、国語教科書の編集に携わってきた国語学者。

トピックセンテンスというとちょっと耳慣れない言葉ですが〈**その文章や段落で述べようとする主題や要旨を表す文のこと**〉をいいます。

新聞記事は見出し・前書き・本文で構成されます。また、雑誌の記事などではさらに本文中にも小見出しがあります。見出しは〈どんなことがどこに書かれているかがとらえやすくなるだけでなく、読み手の理解をよくすることができる〉という効果を狙って書かれています。ただ一般の文章の場合、小見出しを入れて書くことはほとんどありません。こうした際に、この**小見出しの働きをしてくれる文章がトピックセンテンス**なのです。

文章をどんな内容で組み立てようかについてはあらかじめ考えておいた。でも書き進めていてさあ次の話へ転じようとしたときに、果たしてどう書き出したらいいか迷ってしまうことがあります。「ところで」とか「閑話休題」とかでつないでばかりでは流れもよくありません。こんなときありがたいのがトピックセンテンスです。これを覚えておくと書き出し方のバリエーションがずいぶん豊富になります。

トピックセンテンスには次のような三つのスタイルがあります。本書では「人の顔がどのような働きをしているか」をテーマに書く場合の例が紹介されています。

① 要旨を述べる形

その文章のブロックで書く内容のあらましを簡潔に述べます。たとえば「顔は、相手がだれかを見分けるために役立つだけでなく、その人にどう応じたらいいかを決める役目も果たしている」というようにまず要旨や結論から始めるケースです。

② 方向づけを行う形

「顔がどのような働きをしているのかを考えよう」などとこれからどんなことを述べようとしているかの方向づけを最初の文章で行います。

③ 問題を提起する形

「人間の顔は一体どんな働きをしているのだろうか」などという問い掛けで始める場合です。

以上のようなトピックセンテンスでそれぞれの文章のブロックをつないでいくと、文章全体の展望がよくなり、読み手の理解を高めることにつながります。

ヤマ場づくり

岡田喜秋

出典●『私の文章作法』岡田喜秋／昭和五十三年、ぎょうせい刊。長年にわたる紀行文やエッセイなどの著述の際の経験をもとに、一般的な文章の書き方の要点が教示されている。著者は紀行文作家として幅広く活躍。エッセイストでもある。雑誌「旅」の編集長も務めた。

文章の長短を問わず、その展開には工夫が必要となります。それは、たとえ四百字詰原稿用紙二、三枚であっても、十枚、二十枚であっても、**最低二、三ヵ所の、いわゆるヤマ場をつくらないといけない**ということです。感想文であろうと、批評文であろうと、その形式は違ってもヤマ場がないと面白く読めるものにはなりません。

長編小説などでは、ヤマ場が百枚ごとにきたり、数十枚ごとにくることもありますが、短い文章では、当然その周期は短くなります。どんな文章でも「ヤマ」をもたせる。単調ではつまらない。淡々とした文章でも、そこにはしっかりと計算されたヤマ場がないといけません。

だからといって、最初から気負ってしまうのもよくありません。意気込み過ぎて、筆が走ってしまうと、読む人はそれを感じて、かえって話に入っていけなくなります。淡々と書きながら、ヤマ場をつくる。これがなかなかやっかいです。

話がはじまり、時とともに進行してゆく。自分の心が動いてゆく。そんな比較的淡々とした叙述があったあと、やがて人に出会う場面となります。ここがひとつのヤマ場です。どんな人物なのかといった人物描写がおこなわれます。その前後が情景描写ですから、人物の登場するこの場面は、つよく印象づけられることになります。ここでふたたび、最初のトーンに戻せば、話は終わりに近づいていってしまいます。これでは既定の枚数に足らないというときには、もうひとつの、印象の違ったヤマ場を考えなくてはいけません。

もう少し具体的に、日常感想文の場合で考えてみましょう。たとえば「親」について書くとします。まず、親とは何か、自分にとって親とは何か、を定義づけることから書きはじめます。そして、やがて、**自分の具体的な会話を入れた場面を描きます。ここが第一のヤマ場です。論理的文章のなかに、日常の会話が出てくることによって、リアルな感じになります**。

ここからさらに話をつづけたければ、今度は、**親を自分の立場から見ずに、親が自分をどのように見ているだろうか、といったように視点を変えてみます。そうすれば、またそれでかなり書けます。これが第二のヤマ場となります**。

与えられたテーマで書く場合、原稿枚数を頭に入れながら、どんなヤマ場を用意すべきかをよく考えましょう。短文でも最低二つのヤマ場は用意したいところです。

あらすじ作りのコツ

平井昌夫

出典●『人を感動させる文章術』平井昌夫／昭和四十四年、大和書房刊。自分の考えを正しく表現しようとするとき、どうまとめればいいか。どんな順序で、どんな訴え方をすればいいか。そんな文章を書く際の悩みに対して、その原因と対策が具体的に解説されている。

文章を組み立てる、つまり構想するためには、まずあらすじを作っておくことが大切です。あとの執筆がきわめて楽になります。あらすじは次の三つのステップを踏んで作ります。

第一段階／思いつくことを書きとめる

書くテーマに関して、あれこれ頭の中で思い浮かべてみます。そして浮かんだことをメモ用紙でもノートでもよいので次々と書きとめていきます。連想が働いて頭に浮かぶものがあったら、テーマに関係していなくてもすばやくメモしておきましょう。メモのつけ方は、短い語句でも、文章にしておいても構いません。

一日おいてメモにとったものを見ながら、テーマに関して、また新しいことが思い浮かんだら付け加えておきます。これで第一段階は終わりです。

第二段階／メモを整理する

今度は作ったメモを見ながら、テーマに関係のないもの、自分で書けないと初めから分かっているものを消していきます。そして残ったものを、いくつかの柱を立てて分類します。こうしてあらすじの骨組みができた段階で、必要な参考書や資料などにざっと目を通します。

そうすると、最初は思いつかなかった柱やその柱に関する小項目に気がついたり、取り上げる必要のない柱や小項目が見つかったりします。こうしてもう一度骨組みを整理しなおします。これでレポートなり論文なりの文章の骨組みが出来上がりました。あとは前書きにあたる序と結びにあたる結論をつけるだけです。

第三段階／書く分量の割りふりをする

ここまでできると、あらすじ作りも最終の仕上げです。柱とその小項目の一覧表を作り、その下へ、具体的に何を書くかをメモふうに記入します。書く内容が思いつかないときは、さらに資料にあたって付け加えます。

さあ、これであらすじが完成しました。次はあらすじをもとに書く分量を割りふっていきます。たとえば全体の原稿が三十枚とするとこの柱は八枚、次の柱は重要だから十五枚といったふうに書く分量を決めます。それをさらに小項目に割りふるのです。こうすることで、書かれることがらの文章全体の中でのつりあいがとれ、力点をどこに置くかもはっきりします。

書き起こしの型

市川　孝

出典●『文章表現法』市川　孝／昭和四十三年、明治書院刊。書きことばとしての文章の表現法が、文章論や文体論などをよりどころにしながら説かれている。文章を見る目を養い、語感を磨くのが狙い。著者は国立国語研究所員を経てお茶の水女子大学助教授（執筆当時）。

文章の書き起こし方は大きく「統括型」と「非統括型」に分けられます。ここでいう「統括」とは、以下に展開する文章全体を、なんらかの意味で規定することによって、その全体をくくりまとめる機能といった意味合いです。

書き起こしの類型を考える場合には、単純に、最初の一文や最初の段落を見るのではなく、ひとまとまりの内容をとらえ、それの文章全体に対する関係を考えなくてはなりません。

【統括型の書き起こし】

①主題・主旨・結論・提案などを述べる

主題や結論など、「要するにこういうことを言おうとしているのだ」という、文章の中心的内容を最初に述べて、全体を統括する型です。

②話題もしくは課題について述べる

その文章で取り上げる話題の輪郭をあらかじめ述べます。作文などで「きのう〇〇へ遠足に行きました」と書き起こして、以下、そのときの様子をくわしく書くというのもこの型。

③筆者の口上、執筆態度を述べる

執筆に当たっての筆者の立場・意向・態度を述べます。いわばことわり書きです。

④叙述内容に枠をはめる

たとえば「わたしは近ごろ、こんなことを考えている」とか「以下は〇〇君から聞いた話である」などと書き起こして、以下にその内容（本題）を詳述する場合がこれに当たります。

【非統括型の書き起こし】

①時・所・登場人物などを紹介する

統括的な機能は持ちませんが、一種の導入としての働きを持っています。

②主内容の糸口となる枕を置く

主内容の集約ではないが、本題への橋渡しとなるような、話の枕としての書き起こしです。

③主内容を構成する一部を述べる

いきなり本題の一部に入っていき、前置き（導入）などを置かないもの。場面の描写や会話などから始める場合もあります。

最後のひとこと　木村治美

出典●『エッセイを書くたしなみ』木村治美／平成七年、文藝春秋刊。前作の『エッセイを書きたいあなたに』（文藝春秋刊）につづく第二弾。前作を概論篇だとすると、こちらは具体的な実践篇。著者は『黄昏のロンドン』で大宅壮一ノンフィクション賞受賞のエッセイスト。

小中学生の作文コンクール入選作などを見ると、その大半に「〜と思います」といった表現で、しめくくりの言葉がついています。たとえば「おじいちゃんが退院したら、私は釣りの話や昔の暮らしの話に、こんどこそいっしょうけんめい耳を傾けようと思います」といった「しめくくりのおまけ」がそれです。

これらはいずれも、あって悪いというものではありません。しかし、〈**これらのコメントは、本文の中でいわれているならば、最後のしめは蛇足でしかありません**〉。このように〈**本文の中で、直接間接に述べつくされていなければならないはずです**〉。〈私たちはついつい最後になにかまとめの文章を書きたくなります。内容を総括しておかないと、読者にきちんと伝わったかどうか不安でもあるからです〉。

しかし、**エッセイでこうした最後のひとことがあると、余韻が残りません**。〈「私はこういうことを書いて、こういう結論に達しました」と限定してしまうことによって、読者は想像力を働かせようがなくなる。作品のもつふくらみが乏しくなる。つまらなくなる。エッセイを書き終わったら、最後の数行は蛇足ではないかどうかを再確認し、迷ったら、あっさり削るくらいでいるつもりでいるほうがよいでしょう〉。

エッセイでは結論は読み手が出します。書き手が押しつけるものではないのです。〈書き手の思いは、あえてこのテーマを取り上げたという事実、そして描き方の中に、すっかり表現されていなければなりません〉。

ただ、結論は書かずに余韻を残すといっても、釈然としないままに読者を置き去りにしてしまってもいけません。そのあたりの兼ね合いが難しいところです。では「たんなるまとめでもないし、これは省けない」というときにはどうすればいいでしょうか。

そうした場合には、最後にもってくると、型にはまってしまうので、エッセイの途中にまぎれこませてしまうという手があります。一番やりやすいのは、直前に書かれているエピソードなどと入れ替えてしまうことです。**エピソードで終われば余韻も残り、スマートな終わり方になります**。そのほか、こうしたひとことを書いたあと、場面をさっと転換させて終わるのもよい試みです。

まず課題を要約する

宮部　修

出典●『一夜漬け文章教室』宮部　修／平成二十年、ＰＨＰ研究所刊。試験勉強を一夜漬けでこなすように、容易に書く。それには「理論めいた決まりごとに振り回されず、書きたいことのポイントをつかむことだ」という。著者は読売新聞記者を経て、大学で文章教室を担当。

たとえば「年金」や「少子化」について書けという課題が出されたり、もしくは意見を求められたりした際に、文章をどう組み立てればいいかを考えてみましょう。課題として一つの新聞記事などが示され、それについて意見を述べよという場合と「年金について」と単語だけが課題として挙げられている場合があります。

課題文（新聞記事など）がある場合は、まずその課題文の趣旨を要約します。〈**要約することで課題文の問題点が明快になり、同時に答えるべきポイントもはっきりしてきます**〉。そのうえで持論を展開していけば、自然と一つの解答になるはずです。

課題が単語だけの場合は、その事象の背景や歴史、現在の実情などを調べたり、取材しなければなりません。そのうえで、〈これまでどういう経緯をたどってきているのか、さらに問題への対策の成果はどのようなものかを述べます。そして、こうしたプロセスを経て今があるのなら、さらに究明すべき点はここにあるのではないかと、持論を展開していけばいいのです〉。

〈以上のことをふまえて、まず**課題である事象の現状を原稿の冒頭でまとめておきます。これをまとめた段階で論ずべきポイント、「何を書くべきか」が自動的に見えてきます**〉。

では具体的に原稿をどう組み立てればいいのか。もう一度整理しておきましょう。一般的に次のような順序にすると書きやすく、また、まとまりがいいものになります。

①課題の定義と一般的な原因と現状
②その実情にどのような対策がとられてきたか
③対策の成果が実情にどう反映して問題が改善されているか
④このような状態なので、将来はこうあるべきだという結論、提案

ただし、注意していただきたいことが一つ。手順③の「対策の成果」を抜かしてしまうケースが多いことです。政府の対策に触れるだけでは、問題点が浮き上がってきません。「将来が不安だ」といった風に、お茶を濁したような結論になってしまいがちです。

成果がどう出ているか（③）を書くことで、原稿の内容はおのずから違ったものになってきます。対策の再検討をうながすといった、具体的な提言を盛り込むこともできるでしょう。現状をどこまで調べているかで、原稿の出来不出来に大きな差がついてくるのです。

文章が論理をドライブする

伊丹敬之

出典●『創造的論文の書き方』伊丹敬之／平成十三年、有斐閣刊。大学の学生が論文を書くことを想定して書かれたが、一般的な企画書などでの読み手を説得するアイデアの作り方なども学べる。前半は一橋大学大学院の伊丹ゼミの卒業院生たちとの論文執筆に関する対話篇。

アウトラインとは、書かれるべき事柄のすべてに対して順序と階層構造をつけたうえで、全体的にメモしたもの。このアウトラインを見ながら文章を書いていきますが、その文章が必ずしもアウトライン通りになるわけではありません。アウトラインはあくまで、地図の上でどこへ行くかのルートを示したものに過ぎません。

アウトラインはある程度ラフな論理で作られます。しかし、ラフな論理のままでは文章はつながらないことが多くなります。本当に意味のある文章の流れにするのは、論理的に補足して書きすすめなければなりません。〈**文章が論理をドライブするとは、アウトラインに沿って文章を書いている内に、新しい論理を思いつく、論理の筋が見えてくるということ**なのです〉。〈たとえば、こういうことを書いたら、次は論理的にこの種のことに触れないと論理整合性に欠ける、あるいはこのことを説明するにはこんなことを書いてからでないと読み手は分かりにくい、そんなことを文章を書きながら考えるのです〉。

こうした論理をドライブできるような文章を書くには、いくつかの要件を満たしていることが必要です。ただ漫然と書いていても論理のドライブは起こりません。

第一に注意しなければならないのは「**一つ一つの文章を正確に書くこと**」。正確に書かなければ、論理の不備にも気づかないし、深い思考の刺激も生まれないのです。といっても「正確さ」とは、保険約款のように、複雑なことがきちんと書いてあるということではありません。それでは読みにくいだけです。

正確な文章とは①一つの文章の内部で論理矛盾がないこと、②文章の中で使われている概念や定義が読み手にも明確になっていること、③日本語として意味が通る文章であること、この三つの要件を満たしている必要があります。

第二は「**つながりを強く意識すること**」。〈一つの文章の中の言葉と言葉、一つの文章と次の文章、パラグラフと次のパラグラフ、そうしたさまざまな「間」のつながりを強く意識して、論理的につながっているように書くことが大切です〉。そう努力していれば、書いていて、つながりの悪さに気づきます。つながりが悪いということは、なにか足りないか、論理として飛んでいるということ。それに気づけば、あとはどう埋めればいいかを考えればいいのです。

パワー・ライティング

入部明子

出典●『パワー・ライティング入門』入部明子／平成二十五年、大修館書店刊。著者の専門は主に日米の比較言語教育学。「パワー・ライティング」に早くから注目し、その論理的な表現力についての研究成果を、著書や雑誌連載などで多数発表している。本書はその入門書。

パワー・ライティングはもともと陪審員制度があるアメリカで開発された文章作成方法。**読み手をつかんだら離さない力強さのある文章の作成技法**です。本書ではパワー・ライティングの実際が詳しく解説されていますが、ここではその基本的な考え方をご紹介します。

パワー・ライティングは四段階のパワーが設定されていますが、それは裁判審理の四段階と符合しています（このほかパワー0として「読み手やテーマを分析する段階」があります）。

パワー1（起訴状朗読）／**主張**（**アイデア**）**を述べる**

「世界の珍しい動物」というテーマが与えられた場合に「オーストラリアには珍しい動物がいます」というように「オーストラリア」というアイデアを付け加えます。これによって、より抽象度が低くなり、読者が具体的なイメージを描けます。

ここでの注意点は、**欲張っていくつものアイデアを提示しないこと**。いきなりパワー全開にすると以降の段階で息切れし、不完全燃焼してしまうからです。

パワー2（冒頭陳述）／**根拠**（具体例）**や証拠によって主張を説明する**

さらに文章の抽象度を低くするために、**パワー1のアイデアをサポートする具体例を一つ、あるいはいくつか挙げます**。たとえば「コアラは木の上に住む珍しい動物です」「カンガルーは平原に住み、お腹のポケットで子供を育てる珍しい動物です」といったサポート（根拠）の文がそれにあたります。これによって読者のイメージがさらに具体化されます。

パワー3（証拠調べ）／**根拠や証拠の詳細な内容を述べて証明する**

パワー3の具体例に対して**「なぜ」や「どのように」などの問いに答える形でさらに抽象度を下げて文章全体のパワーを上げます**。コアラについて「コアラがどのように木の上で暮らしているか」などと「どのように」に対して答えるとか、カンガルーでは「なぜカンガルーはお腹の中で子供を育てるか」といったふうに「なぜ」に答えるといった具合です。

パワー4（弁論手続）／**客観的に信用のできる裏付けをもとに主張を強調する**

パワー3まで読めば、読者はかなりの理解を示してくれるでしょう。でも、これだけではまだパワーは十分ではありません。「統計によるとコアラの数は年々……」「自然保護区の担当者の話によると……」などといった**裏付けを取ることで締めくくる**必要があります。

木下式と黒澤式

佐藤忠男

出典●『論文をどう書くか　私の文章修業』佐藤忠男／昭和五十五年刊、講談社現代新書。自分の主題や視点をどのように定めていくのか。学校ではなかなか教えてくれない文章修業のコツがみずからの体験をとおして語られている。筆者は映画評論家、教育評論家。

論文の書き方には「木下式」と「黒澤式」があると筆者はいいます。〈木下恵介監督は、クライマックスとラスト・シーンを最初に決めておいて書きはじめるそうである。いっぽう黒澤明監督は、ファースト・シーンからいきなり書きはじめ、ラスト・シーンはラストになってみなければどうなるかわからないそうである〉。これは論文の書き方にも通じます。

木下式のように、論文でも、最初から結論を決めたうえで書きはじめて立派なものが書ける場合ももちろん少なくないでしょう。多くの資料があり、その資料をつきあわせていった結果として結論が得られる。そんな場合です。資料そのものが雄弁に結論を示している場合は、その結論に向かって導入部や展開部を工夫してゆけばいいのです。

しかし筆者は仮に資料が豊富で結論がある程度見通しやすいものであっても、最初から結論を予定しないそうです。いわば黒澤式です。結論が見通しやすければなおさら、たやすくその結論に達しないように努めます。**最初に結論めいたものが摑めていればいるほど、それに自分が反論を加えていく過程で、最初予想できた結論よりどれだけ問題を深め、どれだけ予想外の結論が得られるかが勝負どころとなる**のです。

〈論文とは、自分で考えたひとつの主張にたいして、別のもうひとつの立場、あるいはもうふたつか三つの立場から批判検討を加えてゆくというつもりで書かれるもの〉というのが筆者の考え方です。最初に書いた主張が最後まで貫かれる保証はありません。最初はむしろ、ばくぜんとした疑問が提出されるだけ、あるいは、あるひとつの感動や感銘、つまり内面的な経験が書かれるだけのことが多いのです。そしてつぎに、さまざまな立場から検討を加えます。

最初に書かれる主張や経験を導入部といえばいえるかもしれません。しかしそこからはまだ、結論は予想できません。途中で迷路に踏みこんでついに結論に達しないということもあるかもしれないのです。

簡単に結論に達せられそうな場合もありますが、じつはそれは、すでに何度も論じて二番煎じになっている問題であることが多いのです。新鮮な問題であればあるほど、結論は予想できません。ただ、なんらかの結論に達しなければならないという気持ちだけは強く持って、未知の世界へ旅立つつもりで書きはじめる。これが筆者流の論文の書き方、黒澤式です。

三点法で考える

馬場博治

出典●『作文に強くなる』馬場博治／平成五年刊、岩波ジュニア新書。書くにははずみがいる。そのはずみをつけるために、乱雑になっている頭を整理しつつアイデアを取り出すさまざまな方法を紹介。著者は朝日新聞社での論説副主幹などを経て近畿大学文芸学部教授（執筆時）。

書くための材料を考えだす方法がいくつか紹介されています。なかでも「これは手軽に試せる」というのが三点法。次のようなステップで材料を見つけ出します。

たとえば「季節」というテーマで書かないといけないとします。あれこれ頭のなかで考えをめぐらせます。「あっ、ひらめいた！」と書き始めます。でも書き出してみると書けない。あれこれのひらめきは、ばらばらにあるだけで、一向にまとまりがつかない。

頭に浮かんだものを頭のなかだけで留めておくだけでは、書き出してもすぐに筆が止まってしまいます。**ともかく紙に向かい、紙に書くことが大切です**。まずは、季節について思い浮かぶことを三つ書いてみましょう。

① **春、夏、秋、冬**　② **無季節の世相**　③ **変化のうれしさ**

こんなふうに書いてみると、自分の書いた言葉のどれかに目がとまります。季節のなかでは「春」がいちばんだなあと思います。そこで今度は「春が好きだ」で書くことにして、どこが好きなのかを三つ挙げてみます。

①光　②重さからの解放　③さくら

ここで一番に出てきた、光についてもう一度三点法を使います。春といわれれば自分は光を思う。それはなぜなのだろうと考えてみるのです。

①冬の光とのちがい　②日だまり　③木の葉に光る

こうして三点法を三回もくりかえして、考えを煮つめていけば、もう書く内容のだいたいの方向はつかめてきます。この段階までくると、もう二〇〇字程度は書けるでしょう。三回行なった三点法を総合して、一直線に書いていけばいいのです。

ほかの季節とくらべて、春のどこが好きかを具体的に書いたら、次に春の光について書きすすめます。そんなに苦労せずに書いていけるはずです。頭のなかで、あれこれ思いをめぐらせていても、なかなか形になりません。このように、とにかく実際に紙に書き出していきながら考えることがポイントです。三点法は四度、五度と続けても構いません。

もし書き始めてみて気に入らなかったら、それぞれ三点のうちからほかのものを選んで展開してみましょう。その場合でも、最初に展開したものはムダにならないはずです。

構成を立てるな

中谷彰宏

出典●『短くて説得力のある文章の書き方』中谷彰宏／平成十五年、ダイヤモンド社刊。右脳をもっと使って書けば、どんどんアイデアも浮かんで書くスピードもアップする――。そんな右脳的な書き方が提案されている。著者は博報堂でCMプランナーとして活躍したあと独立。

人が話をするときは、自分が一番話したいことから始めます。まず「すごかったんだよ」と話の核心から始めて「これにはね、実はその前にこんな話があったんだよ」などと続けていきます。話す順番は、前へ行ったり後ろへ行ったりします。でもこういう話が面白いのです。きっちりと時間の流れに沿って出来事を説明されても、まどろっこしいだけです。

これは文章でも同じ。構成をあらかじめ決めてしまわずに〈**書きたいところから書くのが一番いいのです**〉。「すごい変人に会った」というように、いきなりオチから始めます。すると読者も「えっ、どんな人?」「いつ、どこで?」と、文章の続きが気になります。

レジュメを作るなというのではありません。一応レジュメをつくって、各項目に番号を振る。しかし〈書く順番は気分によって変わります。「この話の関係でいうと、次はこの話がわかりやすい」「それを踏まえるとこれ」〉といったふうに項目を選んでいきます。〈**論理的な流れよりも、気持ちの流れが大切です**〉。それによって読者も引き込まれてゆくのです。

なにかがあって、その出来事を書こうという場合。そういったときには、一番印象的だったこと、一番記憶に残ったことから書き出します。

たとえば対談やインタビューの原稿を書くとき。念のためにテープで録音はするにしても、それをいちいち聞いて原稿にしようとしないことです。〈**その人の話で印象に残ったところから切り出します**。「昨日〇〇さんに会ったんですよ。前から面白いなと思っていて会いたかったんですけど、やっぱり面白かった」「どんな話をしていました?」「〇〇の話をしていたんだよ。それから△△の話もしていたな」といった流れで覚えている面白い話から書きます〉。

映画を観て、その感想を書く場合などでも同じです。「面白かったのは□□のシーンなんだよ」と印象に残ったシーンから始めます。そして「ところでこの登場人物は実は××なところがあるんだよ」と話は別のシーンへ移っていきます。映画の冒頭の場面設定から延々と説明されても、読み手はなかなか話に興味が湧いてきません。

印象に残ったシーンから次々と紹介していく。それは映画のストーリーを前後するものであってもいいのです。バラバラなシーンを「どんな点で面白かったのか」を説明しながらつないでいく。それが読み手のこころをつかむポイントとなるのです。

第三章

表現術

どう書くか

わかりやすく、明快な文章を書くためのコツはないか。書き出しで読み手のこころをつかむにはどうすればいいか。リズム感のある文章をどう書くかなどに対する特効薬になりそうな項目を集めました。あなたの文章にじわじわと艶《つや》が出てくる、漢方薬のような極意もあります。

書くのではない。削れ！

石川真澄

出典●『うまい！といわれる短い文章のコツ』石川真澄／昭和五十七年、ＫＫベストセラーズ。著者を含め朝日新聞社の記者三名で書かれた、レポートや投稿、作文などを書く人向けの入門書。①簡潔②明快③感銘という文章を書く基本技について具体的に解説されている。

新聞社へ入ると駆け出しの記者は「ごちゃごちゃ書くのは簡単だ。新聞記事は書くんじゃない。削るんだ」と言われて訓練されるそうです。これは新聞記事だけではなく文章一般についても同様。とくに短文については重要となります。その要点は三つです。

第一は〈**たくさんある書くべき材料、対象のなかから、一つか二つを選ぶ。それ以外は捨てる**〉ということ。テーマに即してあれこれ苦労して調べた材料はなかなか捨てにくいものですが、いざ原稿にする段になったら、捨てるものはきっぱり捨てる。〈その緊迫した関係が文章づくりの大切な部分なのです〉。

第二には〈日本人の文章はおおむね、省略が足りない〉という自覚を持つことが大切です。〈より多くの人に理解してもらおうと思って、説明の範囲を広げていくと、読み手はそれに比例して退屈になっていきます〉。ではどういう視点で省略していけばよいのか。それは〈**読む人の範囲を筆者なりに限定してみること**〉ということが出発点になります。

例えにあげられている一つはＰＴＡの会報。読者は学校の父母たちですから学校内のことはくどくど説明する必要はありません。また企業の入社試験なら、読み手である試験官は業界のベテランたちです。その人たちに向かって専門用語の説明は無用ということになります。

新聞への投書などの場合は読者層が広くなりますが、その場合でもそこは割り切って〈受験生を持つ父母に、同じ世代のサラリーマンに〉といった具合に、語りかける対象を絞ることが肝要です。こうして**読者対象を絞り込むことで文章のどこを省略すればいいかが見えてきます。**

第三に挙げられているのは〈感情の表現もできるだけ削っていくこと〉。〈**読者は、通常、筆者の感情に関心があるわけではない。その感情を触発した事実に対して興味を持つ**のです〉。

筆者がお役所の窓口でお年寄りへの冷たい対応を見かけたとします。その場合に〈あんな職員たちのために、高い市民税を払っていると思うと、無念で仕方がない〉などと筆者の怒りを書き連ねても読者を退屈させるだけ。読者が関心を抱くのは具体的な職員の態度や言葉づかいなのです。淡々と事実を書いていく。そして読者があたかもその窓口にいて、二人のやりとりを目撃したかのように感じたとき、筆者の怒りは読者に自然と乗り移っていきます。感情表現を抑制するには「怒り」という文字を使わないで書くといったことも役に立つでしょう。

文章の品格

谷崎潤一郎

出典●『文章読本』谷崎潤一郎／昭和九年、中央公論社刊。文章の要素を①用語②調子③文体④体裁⑤品格⑥含蓄の六つに分けて「われわれ日本人が日本語を書く心得」が記されている。自らの長年の経験から、現代の口語文に欠けているところへ鋭く迫った文章読本の嚆矢《こうし》。

「文は人なり」と言われますが、本書では品格ある文章を書くには〈先づ何よりもそれにふさわしい精神を涵養《かんよう》することが第一。その精神とは優雅の心を体得することだ〉という日本文化論が展開されます。そして日本語の特性に触れながら、品格のある文章を書くための具体的な三つのポイントについて次のように解説されています。

① 饒舌を慎むこと

〈文学においても写実主義だの心理描写だのと根掘り葉掘り、精細に、刻明に事実の通りに写すことが喜ばれますが、これはわれわれの伝統から云へば上品な趣味ではありません〉。描写は程度を越えないことが大切です。〈意味のつながりに間隙を置くこと〉にも留意しましょう。「しかし」「にも拘らず」といった接続詞の多用は文章の味わいを減殺してしまいます。

②言葉使いを粗略にせぬこと

饒舌を慎むといっても無闇に言葉を略してはいけません。或る言葉を使う以上はていねいな正しい形で使いたい。日頃自分たちがしゃべっているぞんざいな言葉をそのまま文章にするといったことも避けたいところです。

③敬語や尊称を疎《おろそ》かにせぬこと

日本語には己れを卑下したり、人を敬う言い方が驚くほどあります。たとえば一人称では「私共」「手前共」「小生」。二人称には「あなた」「君」「おぬし」「貴殿」などといった具合。「する」という動詞にしても「なさる」「される」「せられる」「遊ばす」などと使い分けがなされます。これらの使い方に習熟することも品格のある文章を書くために欠かせません。

敬語の動詞や助動詞を使えば主格は書かなくても分かります。**主格が省けることで、構造の複雑な長いセンテンスを書いても混乱することがなく意味が明快になる**のです。日本語における敬語の動詞や助動詞は、単に儀礼を整えるだけの効用をしているのではありません。日本語が文章構成のうえで持っている欠点や短所を補ってくれる役割も果たしてくれます。

〈**ほんとうに藝の上手な俳優は、喜怒哀楽の感情を現わすのに余り大袈裟な所作や表情をしないものです**〉。文章も同じです。右の三つのポイントを押さえて、ぜひ、品格のある、そして含蓄に溢れた文章づくりを目指してください。

「が」は小さな魔物である

清水幾太郎

出典●『論文の書き方』清水幾太郎／昭和三十四年刊、岩波新書。本書でいう「論文」は小説や随筆などとは違った「知的散文」といったジャンルを指している。大学の卒業論文やリポート、各種報告書、講演の草稿などを書く人を念頭に置いたアドバイスやヒントが満載の書。

接続助詞「が」はなかなか厄介です。「彼は大いに勉強したが、合格した」の場合は「勉強したので」といった意味になり、また「彼は大いに勉強したが、落第した」なら「勉強したにも拘らず」ということでしょう。二つの事実の間の関係が十分に規定されないままで、漠然と「が」でつながれていることが多いようです。

このように**「が」は極めて便利な接続助詞ですが、これに頼っていては正しい文章が書けません**。眼に入るもの、心に浮かぶものを「が」で繋いでいけば苦労せずに文章が書けてしまいます。そんな「が」の誘惑に負けずに文意が明快になる文章を書きたいものです。

新聞記事にも頻繁に「が」で繋いだ文章が出てきます。よく使われる理由は、限られた字数で書かないといけない時に「が」なら一字で済むこと。それに文章が手早く書けるし、読むほうとしても楽に読み進められるといったことからだと思いますが、実はこれが問題なのです。

新聞記事を読んだあと、その内容を思い出そうとすると、よほど刺激的な事件か熟知している事柄でない限り、なかなか思い出せない。何一つ心に刻まれていない。スラスラと読めはするが、しっかりと理解しようとするとかなりの努力を要します。読んだとたんにその内容を忘れてしまうという経験をお持ちの方も多いのではないでしょうか。「が」が便利なようで魔物なのだというのはこういう問題点があるからなのです。

一般的な文章でも「が」の代わりに「ので」や「それゆえに」、「のに」「それにも拘らず」というゴツゴツした言葉を用いた文章のほうが、後で記憶に残りもするし、読んでいる時にも頭にその内容が入りやすくなります。**「が」で繋いだ文章はツルツルと読者の心へ入って来たと同時にまたツルツルと出ていってしまう**のです。

読者が「が」に出会うたびに、この「が」は「しかし」だ、この「が」は「それゆえに」だと意味を規定して読んでくれることもあるでしょう。でもそれには書き手が、この「が」はこういう「が」だという規定をして書かねばなりません。便利だからとそのあたりを曖昧にしたまま「が」を多用していると文章の上達は望めません。

文章を書いていて、どうも「が」に頼るようになってきているなと感じたら警戒が必要です。その「が」が曖昧な「が」でないか、文意は明快か、必ずチェックしましょう。

文章の煮つめ方

藤本義一

出典●『藤本義一の文章教室』藤本義一／平成元年、ＰＨＰ研究所刊。発想法や構成、表現上のテクニック、推敲のコツなど。ひと味違う文章にするためのヒントに溢れている書。著者は放送作家であり、直木賞受賞の小説家でもある。人気ＴＶ番組11ＰＭの司会も務めた。

題材という魚を釣り上げてきたら、あとはそれをどう料理するか。文章料理教室でまず習わないといけないのは魚の煮つめ方です。**文章の凝縮、エッセンスをどのようにして自分のものにしていくか。具体的に言うとどう省略をきかせるか**ということになります。

たとえば「私は妻と結婚して二十年が経った」という文章があります。これでは釣り上げた魚そのものです。とりあえず「私」は不要なので「妻と結婚して二十年が経った」とします。でも文章としてはいただけません。結婚したら妻なのは当然です。

妻か結婚のどちらかを省略するとすれば「妻と二十年が経った」あるいは「結婚して二十年が経った」の二通りが考えられます。どちらがいいでしょうか。あとを続けやすいのは後者でしょうか。でもどうもありきたりです。

ここで**置換法というスパイス**をきかせてみましょう。文章の上と下を思い切って逆にしてみるわけです。〈「二十年が経った」というふうに、文章の冒頭から切り込んでみる。すると読み手の方は？と思うはずです。そして、次のように綴ります。「二十年が経った。結婚してから……」。これで一応、文章の入り口に立ったということになります〉。**「省略」と「置換」で意外性が生まれました**。

でも結婚という言葉は手垢にまみれていて俗っぽい感じがします。ほかの表現にしたい。結婚二十年間というのは歳月です。「私と妻との二十年間の歳月」としてはどうでしょうか。「歳月」という語句で少し文章に風格が生まれました。前と同じようにこの文章を省略して「妻との二十年間の歳月」とします。ややスリムになりました。ここでさらに省略して「妻との二十年間」とすると文章としての味が生まれてきます。

しかしまだ贅肉が残っています。「間」を取って「妻との二十年」としましょう。これで最初の「私は妻と結婚して二十年が経った」と比べて半分以下の文字数になりました。

〈言葉を紡ぎ出すというのは、単に言葉が次から次へと出てくるということではありません。紡ぎ出されてきた言葉を格調高く織りあげていってこそ文章という織り物が次第に完成していきます〉。〈**推敲とは、作者が文章を練りあげ、手を加え、さらに練りあげていく自己の主張にほかなりません。より格調高く練りあげてこそ文章は輝きを増していくのです**〉。

「セリフ」で始める

大倉徹也

出典●『「超」文章読本』大倉徹也／平成七年、影書房刊。筆者はバラエティ、ドラマ、ドキュメントなどの放送ライター。「名文でなくていい。自分らしい文章を書きたい」という人へ実践的なアドバイスが伝授される。ルポやノンフィクションなどとジャンルも幅広い。

週刊誌の記事の書き出し方の方法の一つに「**冒頭にセリフをもってくる**」というものがあります。左は筆者が若い頃ライターをしていた女性週刊誌の最近の例です。

◇「いやあ驚きました。あれだけ騒がれて業界から姿を消したと思っていた彼女が、まだやっているんですよ」

芸能プロ関係者が言う彼女とは、統一教会の勧誘者として知られるスタイリスト・Sさん。

◇「おーい。おーい」

雪に埋もれた裏山に向かってひとりの老人が呼びかける。

などはほんの一例。ほかにもカッコで括ったセリフで始まっている記事がかなり目につきます。ほかの週刊誌や新聞記事を見ても枚挙にいとまがないほどです。

このようにセリフで書き出される記事がなぜ多いのでしょうか。理由は二つあります。第一の理由は〈**セリフで書きはじめると、読者に「?」と思わせることができるから**〉です。まず「?」と思わせてから、そのセリフを、いつ、誰が、どういう状況でしゃべったのかを伝えていく。いわばナゾ解き方式で読み手の興味をひっぱっていきます〉。

もう一つの理由は〈**自分がなにを書こうとしているかを、自分で明瞭に把握できるということ**〉です。例として挙げられているのが、結婚披露宴の報告文。「去る○月○日、私はダレソレの結婚披露宴に招かれた」と書きはじめて、以下、順を追って書いていったとします。これだとそのときの様子がダラダラ書いてあるだけで退屈なものになってしまいます。

そこでまず、誰かのセリフからはじめてみることを考えてみましょう。

◇「新郎には忘れ難い思い出があります」と新郎の学生時代の友人がいった。去る○月○日、ダレソレの結婚披露宴に招かれたときのことである。

こんなふうに書かれると、読み手としてはその思い出ってなんだろうという興味をもって、以下を読んでみようという気になります。と同時に、あなたはあなたでその友人の思い出話が、なぜこころに残ったかを説明しなければなりません。**セリフ選びの過程で、自分が書こうとしている文章の主題が明瞭になってくる**わけです。

大胆に書く　外山滋比古

出典●『文章力　かくチカラ』外山滋比古／平成二十二年、展望社刊。「案ずるより書く」「初めが勝負」「耳で書く」などといったタイトルで文章を書くコツがエッセイ風にまとめられている。著者はお茶の水女子大学、昭和女子大学教授を歴任した英文学者、言語学者。

中国には昔、科挙という官吏の登用試験がありました。いまで言う論文試験でしたから、受験するには文章術を磨かなければなりません。その受験参考書として有名なものが『文章軌範』という本です（宋の謝枋得《ぼうとく》編纂）。

この『文章軌範』は七巻に分かれていますが、その第一巻、第二巻は放胆《ほうたん》文について書かれています。〈はじめは、**あまり小さなことに心をわずらわすことなく、思い切って、大胆に書けというすすめ**です。大まかなところを書いて、それができてはじめて、こまかいところに心を用いればよい。書きやすいところから入って行けば、のびのびして、言いたいことが言いやすい、というのです〉。

文章を書くのはなかなか大変ではあります。しかしそうかと言って小さなことを気にしすぎるのも禁物です。〈文章に上達するには、とにかく書いてみることです。思ったことをどんどん書いて行く。そうすれば、文章などなんでもないと考えるようになります。そうしたらはじめて細部に気をつける〉。まずは麁枝《そし》大葉《たいよう》、大筋のところこそ大切なのです。

と言っても、**放胆文は決して、乱暴な文章というわけではありません。骨格がしっかりとしていて、かつのびのびと書かれた勢いのある文章ということです。**『文章軌範』では、これを文章作成の心得の第一としています。

漫画家にはすぐれた文章家が多いようです。なぜでしょうか。考えてみると、どうも漫画を描くというのは文章を書くことに通じるところがあるようです。〈漫画ではあまり細かいところにこだわってはいけない。ごく大まかに、大切なところだけを描いて、あとは省いてしまう〉。普通の絵画でいうところのデッサンに当たります。

文章も漫画くらいの省筆がいいのです。放胆文というのは、漫画家が漫画を描くようなつもりで書いた軽妙な文章といったものかもしれません。〈ていねいに、正確に描写することはもちろん必要です。しかし、それは、もっとも大切なところがどこであるか、それを思い切って、大胆に表現することができるようになってから心掛けても決しておそくありません〉。

妙に技巧的な文章を書こうと思わず、存分に思っていることを書く。初めから完璧な文章を目指すと、かえって進歩がおそくなります。まずは放胆文を目指しましょう。

ことば尻

多田道太郎

出典●『日本語の作法』多田道太郎／昭和五十四年、潮出版社刊。「敬語」「外来語」「人称代名詞」などをテーマに書かれたエッセイ風の書。紹介されている事例やエピソードも多彩で含蓄に溢れている。著者は『しぐさの日本文化』など多数の著訳書があるフランス文学者。

ことば尻とは、ひとつのセンテンスのしめくくりをいいます。「ことば尻をとらえる」などという表現があるように、枝葉末節ではありますが、そこをとらえて他人が槍をつけると、思わずこちらはきっとなってしまうところでもあります。枝葉末節と思えるところにかえってことばの急所があるのです。

どういうことばで一つのセンテンスを終わるか。「だ」で終わるか、それとも「である」にするか。**ことば尻で微妙にニュアンスが変わるのが日本語の特徴**です。たとえば「これがカントの思想である」と書けばいいところを「これがカントの思想なのである」にすると、どこか威張ったような感じに受け取る人もいるでしょう。ことば尻、語尾には用心しないといけません。書き手も気づいていない無意識の姿勢が、つい現われてしまうのです。では、ここで、もう少し語尾表現について考えてみましょう。

「～である」「～だ」が**断定型**とすれば「～ですが」とか「～したいと思います」は**日和見型**。「～はいかがなものか」「～は私ひとりだろうか」、こういう疑問形でおわる問いかけは、**お伺い型**です。でも、お伺いとはいえ、押しつけがましい感じを与えます。

よく見られる「～と思う今日このごろである」という結び方は**詠嘆型**。どうだと見得を切ったようで、これはもうステレオタイプ化している表現でしょう。〈しかしまあ、そう目くじらたてることではないかもしれません。すべてのことば尻は、ステレオタイプとなって凝固してゆくものなのです〉。

総合雑誌などでよく見かけるものに「～でないと、もう駄目なのではあるまいか」という表現があります。そんなふうに決めつけていいものかと懐疑派は思います。押しつけもここまでくると、**脅迫型**といったものになるでしょう。

「～ではない」という**否定型**は、おおむねふつうの断定型より調子がきつくなります。さらに「～ではないのだ」になると、何だか机を拳固で叩いているような感じを与えます。一方「～でないこともない」という二重否定からは得もいわれぬふくらみが出てきたりもします。

ことば尻のいろいろな味わいを生かすのは表現の楽しみの一つです。しかし歳月にさらされると結局は「～である」という平凡なことば尻に落ちつくことになるのかもしれません。

最初の三行で勝負

大隈秀夫

出典●『3時間でわかる文章作法』大隈秀夫／昭和五十八年、実業之日本社刊。編集者を養成する各種学校で「文章実習」を長年にわたって担当してきた経験をもとに書かれた入門書。常用漢字や送り仮名、用字用語など、文章を書くうえでの基礎知識もやさしく解説されている。

大宅壮一は「マスコミとは引っかけることである」と言いました。マスコミの文章は、最初の一行から読者を引っかけて、最後まで、目をそらさないようにするという意味でしょう。**読者の気持ちをつかむためには大事なことを最初にもってくること**が大切です。

前書きを長々と書くと、読者は書き手が何を訴えようとしているのかわからなくなり、途中で投げ出してしまいたくなります。書きたいと思うことを簡潔な文体で示せば、読者はついてきてくれます。では、手もとにある「これはうまい」と思った書き出しを書写したノートから、参考になりそうなものを幾つか紹介しましょう。

最初はエッセイストの青木雨彦の名著『夜間飛行』から。

「『そうなのよ。インチキなのよ』とママが肩をすくめた。アイシャドォも、なんにも描いていない眼がキラキラと光っていた」（『左手の結婚』）

「文章を書いて飯を食うようになってから、どうも胃の調子がおかしい。尾籠《びろう》な話だが、ものを考えると、きまって下痢がはじまる。おちつかない」（『コラム作法』）

「新聞を読んでいて、びっくりした。身上相談にわたしのことが出ているのである」（『ドーヴァー警部補とこぼれたミルク』）

こんな書き出しをされると、**あとの展開が気になって、どうしても先を読んでみようという気になります**。まるで著者一流の催眠術にかけられたようなものです。

次は芥川賞作家の田辺聖子。ご存じの通り、名エッセイストの一人です。あっけらかんとした筆の運びでぐいぐいと読者を引き込んでいきます。左にご紹介するのはいずれも『女の長風呂』に出てくる書き出しです。

「私の住んでいる場所は、神戸の下町である。神戸ったって、ハイカラでモダンな所ばかりとはかぎらない。このへんみたいな、がらがらした下町もあるのである」（『女のムスビ目』）

「男という男は別嬪《べっぴん》好きである。美人に甘い。美人でさえあれば、いかなバカでもチョンでも気立てよくあたまがいいように錯覚してしまう。美人だってバカもいるんだよ」（『面食いの単純さ』）

こんな風に**勢いよく、具体的に書かれると読者はつい引き込まれてしまいます**。

書き出しに困ったら俳句を

扇谷正造

出典●『ビジネス文章論　続現代文の書き方』扇谷正造／昭和五十五年刊、講談社現代新書。「週刊朝日」編集長、論説委員の経験などの豊富なエピソードをまじえ、機能的なビジネス文章を書くための極意が分かりやすくまとめられている。好評『現代文の書き方』の姉妹篇。

著者が「味の手帖」という雑誌に「採用試験」という題のエッセイを書いた際の体験談が紹介されています。話の内容は「春宵に、還暦を過ぎて今は会社の役員をしている旧友ら五人が集まって懐旧談に耽る」というもの。採用試験の役員面接でのエピソードが語られます。読者は中年男女が主体。なかなか味わい深い人情味に溢れたエッセイになりそうです。

盛り込むべきエピソードも三つ考え、旧制高校の同期生という設定も決めました。概ねコントラクションも固まり、さああとは書き出しをどうするか。でも「同期生が久しぶりで集まった」では芸がありません。その場の雰囲気を出すためになにかないかなと考えます。

その時に浮かんだのが、よく文筆家仲間で用いる**「書き出しに困ったら俳句を」という奥の手**。そこで著者は歳時記を取り出します。「春の夜」や「春燈」といった季題の頁の例句を見ていきます。そして選んだのが「春の夜の二階三階灯をともす」（正岡子規）でした。その句のあと〈たとえば、そんな春の宵であった。旧友五人が久しぶりで相会した。食事もほぼ終り～〉と続いて、高台の料亭の二階での懐旧談へと移っていきます。

このように俳句で文章を始めると、読み手はその場の情景を頭の中に鮮やかに描いてくれます。いわばエッセイを読むためのウォーミングアップができてしまうのです。その分、書き手はスムーズに話をすすめていくことができます。

★以下は筆者（ひらの）の補足というか蛇足です。

そういえば新聞のコラム欄などを読むとよく俳句が使われています。少し探してみましょう。まずは四月一日付朝日新聞の天声人語（平成二十六年）。新社会人になった人へエールを送るといった内容ですが、書き出しの部分に、高浜虚子の「これよりは恋や事業や水温む」の句が使われています。これで読み手は卒業式や入社式での祝辞の場面を頭に描けます。

次は同年四月三日の読売新聞の「編集手帳」。コラム原稿の半ばに「煮凝のとけたる湯気や飯の上」（鈴鹿野風呂）があります。読売新聞の家庭欄が満百歳になったという内容。料理のレシピについて書かれたあとに使われています。

このように**俳句には、情景や心理描写を助けてくれる効果があります**。しかもたった十七文字。これを使わない手はありません。困ったときには歳時記です（度々は使えませんが）。

体言止めは避けよ

外岡秀俊

出典●『「伝わる文章」が書ける作文の技術』外岡秀俊／平成二十四年、朝日新聞出版刊。「正確」で「わかりやすい」文章を書くための65のコツについて解説されている。著者は朝日新聞で学芸部、社会部、アエラ編集部、編集局長などのキャリアがあるジャーナリスト。

名詞で文章を終えることを「体言止め」といいます。また「〜かも」のように、その後に続く「しれない」を省略した文章を、ここでは「言いさし」と呼ぶことにします。こうした「体言止め」や「言いさし」表現はできるだけ避けるようにしたほうがいいでしょう。

その理由は、**読者にぞんざいな印象や、なれなれしい感じを与えかねない**からです。特定の人に宛てた手紙やメール、自分しか読まない日記などと違って、不特定多数を相手にする文章の読者は性別、年齢もいろいろです。体験や知識なども人によってそれぞれ異なります。そうした読者に対しては、やはり「体言止め」「言いさし」はよくありません。

日常の会話などでは、家族や友人に対して頻繁にこうした表現を使います。〈おしまいまで言葉を言い切ると、かえって「よそゆき」の感じがしてしまいます。あえて言葉を省略することで、相手に言葉の余白を補ってもらい、互いの共通理解を確認する会話です〉。でも初対面の人には、普通は避けます。もちろん、それが親しみやすさを生み出すといったこともあるかもしれませんが、多くの場合は逆効果です。

不特定多数を相手に文章を書くときには、書き手は「自分は読み手の立場からどう見えるのか」を考える必要があります。〈あまり**書き手の思い入れが強ければ、相手は思わず身を引いてしまいます。感情を生のまま吐き出せば、読み手はひるんでしまいます**。つまりは、「**相手と適度の距離をたもつこと**」が読み手に心地よさをもたらします〉。

〈著名な作家や物書きが、「体言止め」を使うことはまれなことではありません。それは、多くの読み手が書き手のことを知っていて、予備知識があるからです〉。「距離感」をなくすために、あえて親しみやすさを演出する技法だと考えていいでしょう。一方、一般の文章では読み手は書き手に関して知識をほとんど持っていません。こうした場合には、なれなれしさはマイナスでしかないのです。

体言止めのように見えてそうではない場合もあります。〈「大きく揺れるビル。尋常でない速さで押し寄せる水平線。あらゆるものを呑み込んでいく津波。それを呆然と見つめる人々。1年前の3月11日。テレビから流れたその映像は、創造をはるかに超えた現実だった」。**こうした単語の並列は、言葉の潜在的な力を引き出し、表現にインパクトをもたらします**〉。

目の前にアナログ時計を

鶴野充茂

出典●『仕事が速い人の文章術』鶴野充茂／平成二十三年、日本能率協会マネジメントセンター刊。うまく書くというよりも、仕事を速くスムーズに進めるための文章術が解説されている。著者は経営者や医師・弁護士などのコミュニケーション・アドバイザーとして活躍中。

集中して文章を書く方法がいくつか紹介されています。その中の一つが「**締切り効果**」を**生かす**ということ。いつまでと時間を決めたらそこで強制終了する。このデッドラインを意識すると仕事も文章作成も集中しやすくなります。

〈**この締切り効果を意識するために有効なのが、目の前に時計を置く方法です**〉。時計はデジタルでなくアナログ時計を使うのがポイントになります。針が盤面を回るアナログタイプの時計なら、経過した時間、そして残された時間の両方を意識できるからです。

では締切り時間をどう決めるか。ざっくりと決めただけでは、どうしても途中で緩みが出ます。構成を練ったり、資料を集めたりしないといけない長い文章の場合などは、十五分刻みで、作業を小さく区切ります（十五分で、少し頑張ればできるレベルの作業にします）。

〈どんな仕事でも同じですが、期限のない仕事は永遠に片付きません〉。しなければいけないことはほかにもたくさんありますから、締切りのある仕事がどんどん優先されて、後回しにされていきます。〈**「この時間帯しか使えない」という発想を持つことが大切です**〉。

仮に明後日までに仕上げればいいと言われたとしても、まるまる三日使えるわけではありません。ほかのことを同時にこなしながらの明後日です。使える手持ちの時間を考えて、その時間をさらに小分けして作業設計する。そうすれば集中して着実に進めることができます。

〈ここで注意したいのは、「企画書を書く」など、大きなくくりで時間枠を設けないことです〉。

たとえば

- 構成を考える
- 資料を集める
- 資料を整理する
- 骨子をまとめる
- 各パートの文章をつくる

などと**作業をこまかく分けて、それを時間割に落とします**。

〈こうしてスモールゴールを見える形にしてクリアしていくことは、次の作業に進むためのモチベーションを高めるのにも効果的です〉。

ここ一番の文飾法

福田清人

出典●『文章表現』福田清人／昭和五十年、冬樹社刊。自分の考えたこと、見たこと、感じたことを、過不足なく表現するための基本的な文章術について分かりやすく解説されている。手紙や文学作品の文章にも触れられている。筆者は編集者を経て児童文学作家、文芸評論家。

文章で一番言いたいところをどう印象づけるか。平面的な表現では印象に残りません。本書では、文章にインパクトを加える表現技法を文飾法と呼び、八つの技が紹介されています。

①**漸層法**

一歩一歩、文章の調子を高め、読み手をひきずっていって、より強い印象をあたえようとするもの。怒りや喜び、悲しみの高潮したところをいきなり書かずに、次第に盛り上げて、やがてとどめを刺します。情趣的な文章だけでなく、論理的な文章でも効果があります。

②**省略法**

文章の前後から想像できることは、あえて書かずに、簡潔な文章で印象を深めます。

③**倒置法**

「あなたはいい人ですね」というのを「いい人ですね、あなたは」というふうに、叙述の語の順序を逆にして表現する方法です。文章に変化をあたえ、印象をつよめます。

④ **説疑法**

別に疑問にもならないところで、わざと疑問文を挟んで、読者にその答えをもとめて注意をひかせるやり方。たとえば「彼はかの女をはたして愛しているのであろうか。愛してないとすれば、あれほどまでの犠牲をはらうはずはない」といったような表現をいいます。

⑤ **誇張法**

「立錐の余地もない」「全身を耳にして聞いた」などと誇張して、その内容を強調します。

⑥ **反復法**

「遠い遠いかなた」「たしかに偉いことは偉い」などと語句の一部分や、同じ意味をくりかえして、印象を鮮やかにする方法です。

⑦ **対句法**

対立したり、似かよった語句をならべます。「智に働けばかどが立つ。情に掉させば流される。意地を通せば窮屈だ。とかく人の世は住みにくい」(夏目漱石『草枕』)もその一例。

⑧ **比喩法**

直喩、隠喩、諷喩、提喩、声喩などさまざまな比喩も使いこなしてみましょう。

つなぐより切る

尾川正二

出典●『文章の書き方』尾川正二／昭和五十七年刊、講談社現代新書。むだや回り道のない展開があってこそ、適切でかつ美しい文章表現となる。視野の広さ、言葉の吟味、明晰さなど、文章の底流をなす心構えと方法をテーマに書かれた書。著者は桃山学院大学教授（執筆当時）。

分かりにくい文章の一つに中止法で書かれたものがあります（中止法とは、文を終止形で終わらせずに、連用形であとへ続ける方法のこと）。文章が長くなって複雑になってしまい、主語と述語が照応しないねじれ文になりがちだというのがその理由です。

たとえば「旅の途中、歩き疲れて田舎の野道に腰をおろし、静けさの中で木槿《むくげ》がゆれている」という文章の場合。「おろし」の主語は言うまでもなく「私」です。中止法でつないだ「木槿がゆれている」こととは何のかかわりもありません。分かりやすくするためには、中止法のところで文章を切るか、「おろし、〜ゆれているのを見る」などとして、主語を「私」に統一することが必要でしょう。

「人一倍努力が必要なことに対して、私はいつも逃げ腰になる。時間は待ってくれず、人生は私の意思次第でどうにでもなる」の場合はどうでしょうか。「時間は待ってくれない」ということと、「意思次第でどうにでもなる」との間に、飛躍があって読者を戸惑わせます。中止法でつなげないで、そこで切ったほうがずいぶんすっきりします。

「きっと男女平等の日はやってくると思うし、女性はもっと自分の可能性を見つけ出すべきである」の「思う」ことと、「見つけ出すべき」という主張には関連性がありません。「思う」で切るべきところです。

〈**漠然とした主語の入れ替り、突然の発想の転換は、読者の思考のリズムを狂わせます**〉。分かりやすい、簡潔な文章を目指すためにも、中止法を使った文章があれば「これで意味が伝わるかどうか」をチェックして、推敲する習慣をつけましょう。

もう一つ大切なのが構文意識をしっかり持つこと。たとえば「クラブを続けながら卒業できたことは、怠惰ではなかったというよりも健康にめぐまれたことが、一番自分にうちかつのだと思えます」といった文章がよくあります。この文章では「卒業できたことは」が浮いたままで、落ち着く先がありません。「健康にめぐまれたことによって、自分にうちかつことができたからだと思う」と明快に書かなければなりません。

言うべきことをもち、それを明晰に表現することが、文章の要訣です。言うべきことがしっかりと把握できていないまま、曖昧に表現すると文構造が乱れやすいので注意しましょう。

タイトルは最後の一行だ

村田喜代子

出典●『名文を書かない文章講座』村田喜代子／平成十二年、葦書房刊。テーマの考え方、構成方法、セリフの生かし方、人物や風景の描写方法から推敲まで。文章を書くうえでの実践知識が網羅されている。Q&Aや独習法についてまとめた章もある。筆者は芥川賞作家。

なにか書こうというとき、閃きのようにタイトルが浮かぶ。そしてそのタイトルに導かれるかのようにどんどん筆がすすむ――。でも、そうした啓示のようにタイトルが浮かぶというのはきわめてまれなことでしょう。

文章は書いているうちに、最初の構想以上に大きく成長していったりもします。書いている途中で触発されて、もっとふさわしいタイトルが浮かんでくることもあります。タイトルは〈ラストの一行が出来上がったあとでもう一度よく再考してみる余裕がほしい〉。左のようなチェックリストで、本当に内容に似合ったものかどうか見直してみましょう。

①大きすぎるタイトルではないか

大きなタイトルは無味乾燥な観念語に傾くきらいがあります。たとえば『戦争と平和』『宇宙と人間』などというタイトルは、よほどの場合を除いては禁物だといえます。

②歳時記から抜いたようなタイトルではないか

小説でもエッセイでも意外に多いので要注意。タイトルに窮したからといって、安易に歳時記から『遅桜』『秋の蟬』などといった情緒的なタイトルをもってくるのは考えものです。

③凝り過ぎたタイトルになっていないか

作家は特殊を承知で、柴田翔の『されど、われらが日々――』、稲垣足穂の『生活に夢を持っていない人々のための童話』などと書いたりしますが、真似しないほうが賢明です。

小説をファッションショーの衣装、新聞記事などを実用本位の日常着だとすると、エッセイはその中間の少し改まった外出着といったところでしょう。よそ行き着程度の装飾は必要です。ではそんなエッセイのタイトルを作るときの注意点をもう少し。

①内容を明かさないタイトル

魚を並べて、「○○鮮魚店」と看板を出しているのと同じようなタイトルは避けます。タイトルは中身の紹介ではありません。中身への誘い文句がタイトルなのです。

②タイトルは最終行のあとにくる

本文を読み終えたところで、もう一度読後感とともに読み直す――。**タイトルこそが、本当の最後の一行だといえます**。読後感が一層深まるような効果を持っていることが大切です。

写生と想像

野間　宏

出典●『文章読本』野間　宏／昭和三十五年、新読書社出版部刊。戦後の文章とそれ以前の文章についての仔細な分析に基づいた文章読本。「書きながら読みすすみ、それについて判断し、批評してそれを訂正して行くところに、文章は確立されていく」と説かれている。

例えば乾物屋を描こうという場合、画家のように店の前にカンバスを据えてというわけにはいきません。一度家に帰ってから、もう一度頭の中に店の様子を思い描きながら、それを文章で捉えていくことになります。頭に描いた乾物屋の姿をイメージと名づけるとすれば、文章はこのイメージを紙の上に言葉で描き出すことで生まれてくるのです。

文章を書くという力は、イメージを深め、ひろめて、そのイメージによっていろいろな物や人間を捉え、考えていくものだといえます。イメージをひろげていく力をイマジネーション（想像力）といいますが、**文章をつぎへつぎへと進めていく力はこの想像力なのです**。もちろん想像力というのはただ単に一度見た乾物屋を頭の中に再現するというところにあるのではなく、現在そこにはないものの姿、形をも捉え、描き出していくところにこそあります。**文章は言葉**

をもって想像力を無限に働かせ、進めていくことで成り立つのです。

最初は乾物屋の姿を頭に思い浮かべてみようとしても、なかなかはっきりとしてこないのが普通です。はたして卵の籠が二つであったのか、三つであったのか。ソーメンと乾うどんがどのように並べられていたのか。缶詰はどんな種類だったのか。思い出そうとしてもはっきりしません。最初は誰でもそうなのです。

ではどうするか。ペンをとり、紙を前に置いて、言葉でもって、この頭の中にぼんやり浮かんでいるものを少しずつ捉えていくのです。そうすれば、頭の中の像は次第に雲間から現れてあきらかになってきます。最初はぼんやりしたものの像のうち、もっともたしかな、そして光のあたっている部分を糸口として、そのあきらかになっている姿を文章にしていく。そのひとつひとつの部分がどのような特徴を持っているか、その特徴を捉えて表現します。

これができたら、次はこの点を足がかりにして、さらに他の部分に入っていくのです。例えば卵なら卵、さらに乾うどん、ソーメンなどと順に光をあてていけば、次には記憶の中を辿って、その卵の後ろに並んでいたかまぼこの姿なども再現することが可能になってきます。

このように、つぎつぎと今まで雲にかくれていた部分があきらかになっていきますが、これはペンを持って頭の中にある乾物屋の像を追い、言葉に捉えていくからこそできるのです。**像が言葉を生み、また言葉が像を生む。そのとき、いきいきとした文章が生まれるのです。**

具体的行動で人物を描く

木原　茂

出典●『文章表現十二章』木原　茂／昭和五十八年、三省堂。自分の考えをどう展開すればいいかといった思考法から文章構成法、表現法まで。これらを十二章に分けて段階的に学べるように構成されている。練習問題付き。著者は広島経済大学教授・文学博士（執筆当時）。

人物をたんに「快活だ」というだけでは抽象的で漠然とした印象しか与えません。**その人物の具体的な行動を描いてこそ、その人物が生き生きと見えてきます。**

森鷗外は『雁』という小説で、岡田という人物を次のような具体的事実で描きました。

①遊ぶ時間は決まって遊ぶこと

②毎日の夕食後の散歩の時間が決まっていること

③日曜日は舟を漕ぎに行くか、遠足かであること

④外泊する時以外は、部屋にいる時間が定まっていること

⑤時計をいつも号砲に正確に合わせているので、人々は正確な時間は岡田に聞くこと

以上のように、時間的に規則正しい生活をしている具体的事実を五つ挙げて岡田が信頼感の

ある人物であることを説明しています。

　次は夏目漱石の『坊っちゃん』です。主人公は無鉄砲な性格で損ばかりしているということが次の五つの具体的行動から読者に伝わってきます。
①「弱虫やあい」とはやし立てられて、学校の二階から飛び降りて腰を抜かしたこと
②「切れないだろう」と言われて、ナイフで自分の指を切ろうとしたこと
③栗を盗みに来た隣の山城屋の勘太郎とけんかをして、自分の着物の片袖がもげたこと
④茂作の人参畑の上で半日相撲をとりつづけにとったこと
⑤古川の田んぼの井戸を埋めたこと
　これらの具体的な行動によって、坊っちゃんの無鉄砲な性格が浮き彫りにされています。
　鷗外・漱石の文章は、いずれもある人物の特色を述べています。多くの具体的事実によって人物の特色を描いている点は同じです。しかし、鷗外の書き方と漱石の書き方には違いがあります。漱石では、挙げられていることが一回的事件であり、おもしろい逸話になっているのに対して、鷗外が挙げているのは事件ではありません。いつも繰り返される恒常的行動を詳しく細かに述べています。**漱石のような書き方はイラストレーション**（**例話**）、**鷗外のような書き方はディテール**（**細部**）と呼ばれます。具体的行動で人物描写するにはこの二つの手法がありま
す。簡単なようでいて、どちらも適切な具体的事実を挙げるのはなかなか大変です。

タイトルに凝る

渡辺淳一

出典●『創作の現場から』渡辺淳一／平成六年、集英社刊。これから新しく小説を書こうとする人、あるいは少し書きはじめた人への参考、または指針となるようにと書かれたもの。あとがきに「わたしという作家の手の内のほとんどを、このエッセイで記した」とある。

〈題名がうまく決まれば、その作品を書き続けているあいだ気持よく、あるハイな状況でいられますが、題名に不満が残っていると、どこかでそれが尾を引き、いま一つのりきれない感じで書き続けなければならなくなります〉。いいタイトルをつけることは作品の内容にまで大きく関わります。内容さえよければタイトルなどはどうでもいいなどという考え方は、ある意味で書く側の思い上がりだともいえるでしょう。

自分の作品の場合だと『うたかた』は最初「逢瀬」という題名も考えていました。この小説では、大人の男女のひたひたと盛り上がってくる情愛のようなものを表現したかったのですが、「逢瀬」だとそのものずばりというかテーマに近すぎて少し重い感じになってしまうように思って、最終的に『うたかた』に決めました。

〈タイトルというのは内容を表すのが第一ですが、それと同時に作家のイメージや作品に向かう姿勢を表すことにもなります。そのためにも、単に内容を正確に表すだけでなく、一種の気取りというか気張ったものが必要です。そこを**変に照れて抑えすぎては平板なものになってしまう。かといってナルシシズムがすぎるといやらしくなってしまいますから、そのへんの兼ね合いがむずかしい**わけです〉。

タイトルのつけ方一つにも、自ずと作家の特徴が現れてきます。たとえば松本清張作品には「黒」という字が入っているものが多いですが、これは、悪を暴くとか、人間のどすぐろい内面を描き出すという社会的なテーマに合っています。

わたしは平仮名を入れた柔らかい感じのものが好きですが、森村誠一さんは漢字が多い。これは作品の雰囲気と、それに向かう姿勢などに適っているように思います。

村上龍さんの『限りなく透明に近いブルー』というのは、いささかこけ威し的ではありますが、おや、なんだろうという新鮮な驚きとともに、心にある引っ掛かりを感じさせる、魅力的なタイトルになっているのではないでしょうか。

題名は読者の心をつかむ重要な要素。照れていては魅力的な題名はつけられません。純文学の作家のなかにも大江健三郎さんや丸谷才一さんのように、相当刺激的なタイトルをつける人もいます。古いところでは石川達三さんの『四十八歳の抵抗』なども出色です。

文章に起伏をつける

石黒　圭

出典●『「うまい！」と言わせる文章の裏ワザ』石黒　圭／平成二十六年、河出書房新社刊。本書では文章の書き方の定石に加えて、中級者が上級者になるための創造的な技術、定石を超えるための裏ワザを伝授している。著者は一橋大学国際教育センター・言語社会研究科教授。

適切なところに接続詞があると、文章の論理が追いやすい。しかし、あまり多すぎるとかえって読みにくくなる。そのあたりの兼ね合いが難しいところです。次の例をご覧ください。

（A）新宿駅はどこの駅よりも混んでいる。**たとえば**、朝8時すぎに駅のホームに降りたつと、人の多さに歩くのに苦労する。**事実**、一日あたりの乗降客は平均で300万人を超え、世界一としてギネスブックにも掲載されている。

この文章を接続詞の部分を入れずに読んでみてください。一文一文がぶつぶつ切れるように感じます。また文どうしのつながりがはっきりせず、あとの文章がどのように展開していくか、予測がつかなくなりがちで、スムーズに読んでいけません。

そこで接続詞の出番です。冒頭の文に説得力を与える例示だということで「**たとえば**」という接続詞を入れ、直前の文に客観的な証拠を加えて裏づけるために、「**事実**」という例証の接続詞を入れてみました。こんな風に、接続詞をきちんと入れていくことで、つぎに続く文の展開が予測しやすくなり、文章が読みやすくなることはたしかです。

ところが、この例文は接続詞を使わなくても、文章を読みやすくすることができるのです。次のように書けばどうでしょうか。

（B）新宿駅はどこの駅よりも混んでいる。朝8時すぎに駅のホームに降りたつと、**あまりの**人の多さで歩くのに**さえ**苦労する。一日あたりの乗降客は平均で300万人を超え、世界一としてギネスブックにも掲載されている**ほどである**。

どうでしょうか。Aの文章とくらべて接続詞がなくても違和感が少なかったはずです。それぞれの文に付加情報を加えて、文の意味を強化したからです。

まず「人の多さ」に、過度を表す「**あまりの**」をつけ、「歩くのに」に限定の「**さえ**」をつけました。一方、三つ目の文には、文末に「**ほどである**」を加えて、程度を強化しています。

このように〈**一文一文の力を強めれば、文章に起伏が生まれ、接続詞がなくても話の流れがわかる**ようになります。小説家は接続詞の多用を嫌う人が多いのですが、それはきっと安易に接続詞に頼ると、一文一文の力が弱まり、文章として平板になってしまうからでしょう〉。接続詞に頼らずに文章を書くのは、じつはきわめて高度な技術なのです。

サスペンス効果

中村 明

出典●『文章の技』中村 明／平成十五年、筑摩書房刊。実際に文章を書こうとした際に直面するさまざまな問題を解決してくれる基本的な技術やヒントが紹介されている。著者は国立国語研究所室長、成蹊大学教授を経て、現在早稲田大学名誉教授。専攻は文体論・表現論。

作中人物のキタ・モリオ氏の首をめがけて、魔術師が「ふりかざした太刀をエイとふりおろした」。北杜夫の『船乗りクプクプの冒険』にこんな場面があります。当然みんなは首を切られたと思います。これを普通に書けば「**だれもが、キタ・モリオ氏の首が落ちたと思った**」となるところです。読者は「……と思った。が、実は」といった展開になるのだろうと予測しながら読み進むことになります。しかし北杜夫はそうは書きませんでした。

「**キタ・モリオ氏の首は**」と始め、「**ころりところがりおちた**」と続けたのです。ここまで読んで読者は、殺人と知って息をのみます。そのタイミングを見はからい、作者は文章を句点で結ばず読点で切って、「**とだれもがそう思った**」と添えます。

やはり、事実は違ったという展開は同じように予測されますが、文中の語順を変えて、その予測を遅れさせたのです。そうすることによって、読者の緊張感を誘い、文章の流れの中でサスペンス効果を生むことができました。〈伝達される情報は結局のところ同じですが、**作者がその伝わり方を工夫することで、読者は心を波打たせながら読みすすむことになる**のです〉。

次は芥川龍之介の『侏儒の言葉』に書かれた名言です。それは「人生は一箱のマッチに似ている」と始まります。〈この**謎めいた一文で読者の心に疑問を投げかける**のです。罠にはまった読者は、人生とマッチはいったいどこが似ているのだ、と考えます。こうしてサスペンス効果をあげてから、「重大に扱うのはばかばかしい。重大に扱わなければ危険である」と、おもむろに謎解きをしてみせるのです〉。

太宰治の『葉』という小説はいきなり、「死のうと思っていた」という一文で始まります。読者はどきりとします。いったいどんな事情があったのだろう、と次を読むと、そこには「ことしの正月、よそから着物を一反《たん》もらった」などという平和な内容の文章が続いています。けげんな顔で次を読んでみると、「お年玉としてである」と続きます。

わけのわからないまま、読者は落ち着かない気持ちで次々に読まされていきます。冒頭に重大な内容の一文をたたきつけておいて、読者が当然期待する事情説明をしないまま、一見無関係な内容の文章をつらねていきます。これは、**情報を待機させることによって、読者の心を宙ぶらりんにしたまま次へと読みすすませる技術**だといえるでしょう。

定型表現の効用

野内良三

出典●『うまい！日本語を書く12の技術』野内良三／平成十五年、日本放送出版協会刊。日本語の特質を知り、平明でわかりやすい日本語、論理的で説得力のある文章を書く。そのために必要な、だれでも習得できる12の基礎技術が提案されている。著者は関西外国語大学教授。

本書の「型に従う」の章で、著者は次のように述べています。〈私は「慣用句」「決まり文句」「常套句」「紋切り型表現」など色々な名で呼ばれる「定型表現」（ストックフレーズ）の使用を諌める世の文章指南書に反対である。私は定型表現を遠慮せずに使うべきだと考えている。**表現の「型」を覚えることが文章上達の王道**だと信じるからだ。オリジナリティだとか個性だとかが問題になるのは「型」を十分にマスターしてからのことだろう〉。

これに続いて著者が初めて小説（ルパンもの）を翻訳した際のエピソードが語られます。翻訳の表現にバラエティを持たせるために、大衆小説や推理小説で感心した言い回しをカードにとっていきました。作成したカードはざっと千五百枚から二千枚。これらのほとんどが「体がすくんで、立ち上がるのは**おろか**、顔をあげることもできない」「**ひとしきり**笑いころげたあと」

「〜を**潮に……**」といった類いの表現でした。

このルパンの翻訳を機に著者の文章はやわらかくなり、和語（平仮名）が多くなります。カードをせっせと作ったお陰です。外国語の単語を覚えなければならないのと同様に日本語の「これは」と思った表現や文章も暗記する必要があるのです。

定型表現の効用とはなんでしょうか。それは文章が軟らかくなること、おとなしくなることです。〈たとえば「その領域のことはよく理解できない」という代わりに「その方面には暗い／うとい」と言ってみましょう。あるいはまた「あの男とは感覚的にどうも衝突する」を「あの男とウマ／ソリが合わない」と言い換えてみましょう。同じことを言っても、ずいぶん受ける印象が違ってくるはずです〉。

定型表現はいいことずくめではありません。月並み・平板との非難も待っています。もっと対象を観察して具体的なイメージを喚起せよと言われます。しかしまさに「月並みな」事態が目前にあれば、わざわざ表現に腐心せずに定型表現を使えばいいのではないでしょうか。〈要するに**定型表現は小出しにさりげなく使うこと**です〉。たとえば「しかし、好事魔多し**とやら……**」「血は争えぬと**言うが〜**」「深窓の美姫も**かくやと思わせるような女**」などといった使い方です。使う頻度としては、見当としては原稿用紙一枚につき一つ程度でしょうか。二つは多いかもしれません。

コリをほぐす　小笠原信之

出典●『伝わる！文章力が豊かになる本』小笠原信之／平成二十四年、高橋書店刊。より豊かな文章表現力を身につけたいという人へ向けて、八十項目の実践的なノウハウが伝授されている。著者は新聞記者を経てフリージャーナリスト。ライター育成にも尽力している。

文章を書いていて「どうもかたいな」と思うことがあります。そんなときどういう方向で推敲すればいいでしょうか。文章のかたさはえてして、漢語や専門用語など難しい表現の多用が原因である場合が多いようです。本書では、そんな文章の症状を見つけ出し、一つずつていねいにほぐしていく方法が例文を挙げて解説されています。いわば文章のコリのほぐし方です。

〈原文〉

患者が抱える病態に対して、医師によって提供する治療方針に大きな差異が存在し、避けられるべき痛みに苦しむ患者をサポートする場面を、私はたびたび体験した。

①原文の冒頭で「病態」と「治療方針」とのずれを問題にしていますが、それを「Aに対してはBが〜」という二項対立で捉えています。この表現がかたい。それに「患者が抱える」

「医師によって提供する」という修飾語もやさしい表現に変えたいところです。

②「避けられるべき」の「べき」は「医者は余計な苦痛を与えるべきではないのに、与えている」という言外の批判が含まれています。しかし、この文の趣旨は自分自身の体験を報告するものです。もし、批判するのであれば、**別の文を立てて内容を明快にしたほうがいいでしょう。**

③後半の「〜する場面を、〜体験した」というのも一考。「場面を体験する」と漢語を二つも使うと文章がますますかたくなります。

〈改善例〉

医師によっては患者の病態に合わない治療を施し、避けられる痛みに苦しむ患者を私がサポートしなければならないことが、たびたびあった。

次も文の前後をつないで、人間の場合とペットとを対立的に捉えたものです。

〈原文〉

人間の高齢化が問題視されている一方、ペットも高齢化を迎えようとしている。

一見問題なさそうですが、高齢化という内容は共通し、文の重心は後半にあります。前半は「人間と同様」の一言で済ませて左記のようにすればすっきりします。

〈改善例〉

人間と同様、ペットも高齢化が問題になってきている。

文章のスピード感　巳野保嘉治

出典●『取材の技術・作文の技術　記者体験から学んだ文章作法』巳野保嘉治／昭和五十五年、日本能率協会刊。著者はサンケイ新聞を経て夕刊フジ報道部記者（執筆当時）。長年にわたる新聞記者生活で体験した取材と「書く」ことのノウハウがたっぷり詰まった書。

たたみかけるようなスピード感のある文章として、左のような志賀直哉の『城の崎にて』の一節が紹介されています。

その脇に一疋、朝も昼も夜も見る度に一つ所に全く動かずに俯向きに転がってゐるのを見ると、それが又如何にも死んだものという感じを与えるのだ。それは三日程その儘になってゐた。それは見てゐて如何にも静かな感じを与えた。他の蜂が皆巣に入って仕舞った日暮、冷たい瓦の上に一つ残った死骸を見る事は淋しかった。然しそれは如何にも静かだった。

筆者が注目したというのは、文末が、最初の「だ」以外、いずれも「た」で止めていること。文章が平板にならないように「文末に変化をもたせよ」とはよく言われますが、これはその逆をいっています。しかし、〈この『城の崎にて』の文章のように、**末尾をた、た、た……と追**

い込んでいくのは、自分の気持、まわりの様子、すなわちひっくるめていうと事象を描写するのに効果的な書き方であり、調子にスピード感も出てくるのです〉。

引用文には〈「如何にも」という語句が三か所に出てきます。しかし、「た」止めの文章にはスピード感があるため、それがあまり気になりません〉。〈実はそこのところが、文章を書くひとつのコツなのです。**同じ語句を続けざまに繰り返して使っていても、文章にスピード感があると、読んでいて気にならない**のです〉。

このように〈文章の技巧は、美辞麗句を並べたてることではなく、むずかしい漢語やおおげさな形容詞で飾りたてることではありません〉。〈**素直に、ありのままに、平易に**〉。それがすばらしい技巧に通じているということがおわかりいただけると思います。

ではどうすればそうした文章を書けるのでしょうか。

それはひと言でいうと、むずかしく書こうと思わないことです。しかしこれがなかなかむずかしい。〈新聞社の綴方コンクールなどに入選する小中学生の作文にはびっくりするほどの名文があります。ものを見る目が純粋で、それをありのままに表現しているため、実に澄み切ったいい文章になっています〉。しかし年齢を重ねるにつれうまく書けなくなる。生硬で難解な文章になりがちです。それは人に笑われないような文章を書こうといった意識が強くなるからです。そういったよけいなことに気をつかうため、かんじんの文章がいきいきしてこないのです。

書き出しで「つかむ」　江川　純

出典●『知的文章の書き方』江川　純／平成八年、日本実業出版社。ある会社の人物評価表には「文章力」という項目がある。ビジネスの成否は文章力に左右される。そんなビジネスマンのための文章術入門書。著者は日本長期信用銀行での二度の人事部勤務で教育を担当。

〈文章の書き出しは、いってみれば、読み手に対する呼びかけです。その呼びかけに工夫をこらせば、読み手の関心が呼び起され、そのあとに続く文章に引き込まれていきます〉。本書では書き出しのコツとして、次の四つのポイントが示されています。

①短文で始める

ふつうは書き出しが長いと、もうそれだけで読み手はウンザリしてしまいます。読み手がすっと文章に入っていけるよう、できるだけ短文で始めるほうがいいでしょう。

山椒魚は悲しんだ。

彼は彼の棲家である岩屋から外へ出ようとしたのであるが、頭が出口につかえて外に出ることができなかったのである。

（『山椒魚』井伏鱒二）

文学作品ばかりでなく、日常の実用文も「書き出しは短文」を原則としたいものです。

ニュージーランドの経済改革が、注目を集めている。その理由は何といっても、改革が極めてドラスティックだからである。一九八〇年代半ばまで、世界で最も企業活動が不自由な先進国であったニュージーランドは、今では世界で一番自由な国に大変身している。

このように、短文で書き出して、何をいいたいのか、そのテーマなり問題点を簡潔に呈示することが大切です。これで読み手はこの文章がどこへ向かっていくのかが把握できます。

②大上段に振りかぶらない

たとえば、一般的な文章を大上段に哲学者の難解な引用から始めたりすると、「これはついて行けない」と読み続ける意欲を失わさせてしまいます。

③簡単明瞭、軽く、さわやかに

挨拶やスピーチと同じです。抵抗なく受け入れられるスムーズな導入を考えましょう。

④期待感をもたせる

〈読み手を「おッ、何?」と思わせれば、書き出しは成功です〉。〈ことがらの順序を追って理路整然と記述すると、たしかにわかりやすい。しかし一方で期待感や意外性は損なわれます。ときには順序を変えてみるといった工夫も必要です。同じことをいうにしても、書き方一つで、読み手に与えるインパクトは違ってきます〉。

自分が笑ってはいけない

本多勝一

出典●『日本語の作文技術』本多勝一／昭和五十一年、朝日新聞社刊。朝日カルチャーセンターの文章講座での講義に少し手を加えて月刊誌「言語」に一年間連載したもの。実例も豊富な実践的文章指南書。著者は朝日新聞記者（執筆当時）。探検ルポで評価が高かった。

第八章「無神経な文章」の第一項で新聞の投書欄の文章が紋切型の例として挙げられています（朝日新聞一九七四年七月一五日「声」欄＝人名は仮名）。

只野小葉さん。当年五五歳になる家の前のおばさんである。このおばさん、ただのおばさんではない。ひとたびキャラバンシューズをはき、リュックを背負い、頭に登山帽をのせると、どうしてどうしてそんじょそこらの若者は足もとにも及ばない。このいでたちで日光周辺の山はことごとく踏破、尾瀬、白根、奥日光まで征服したというから驚く。

そして、この只野さんには同好の士が三、四人いるが、いずれも五十歳をはるかに過ぎた古き若者ばかりなのである。～（以下略）。

いささかうんざりさせられるだけの文章だと思う方も多いでしょう。なぜか。それは、あまりにも紋切型の表現で充満しているからです。まず「只野小葉さん、当年五五歳……」という書き出し。つづいて「どうしてどうして」「そんじょそこらの」などといった手垢のついた紋切型がまた現れます。「足元にもおよばない」も一種の紋切型です。

さらに「踏破」「征服」といった大仰な紋切型がつづいた末「驚く」と自分が驚いてしまっています。読んだほうは驚きません。こうした**紋切型を平気で使ってしまうと、そのことでものごとの本質を見逃してしまいます**。「ぬけるように白い肌」「顔をそむけた」などと紋切型を使うと、そのときの状況をしっかりと観察して書くという姿勢を忘れてしまうことになります。

例文でのもうひとつの問題点は「文が笑っている」ことです。「このおばさん、ただのおばさんではない」という表現は紋切型だということもありますが、文自体に「笑い」を出してしまっています。でも読む方は「へ」とも思わない。**「ただのおばさんではない」などと無内容なことを書くくらいなら、どのように「ただ」でないのかを具体的に書くべきです。**

落語の場合、「おかしい」場面、つまり聴き手が笑う場面であればあるほど、落語家は真剣に、まじめ顔で演じます。落語家自身の演技に笑いがはいる度合いと反比例して観客は笑わなくなっていきます。チャプリンはおかしな動作をクソまじめにやるからこそおかしいのです。文章についてもこれと同じことがいえます。**おもしろいと読者が思うのは、描かれている内容であって、書く人がいかにおもしろく思っているかということではないのです。**

文章にリズムをつける

能戸清司

出典●『うまい！といわれる文章はどう書くか』能戸清司／昭和六十一年、ＫＫベストセラーズ刊。序章のタイトルは「文章は人柄で決まる」。文章を書くには何より人間の中身が大切だという思いが込もった入門書。著者は朝日新聞で論説委員として天声人語などを執筆。

文章にとって大切なのは明快性の次にリズムだと筆者はいいます。自分で声を出して読んでみて、調子よく聞こえるように書くということですが、実際にはどんな点に注意すればいいのでしょうか。本書で紹介されている中からいくつか紹介してみましょう。

①読点の打ち方でリズムを出す

読点がなく句点だけになると、文字が詰まって読みにくくなりますが、多すぎても、全体がスカスカに見えて、間の抜けた感じになります。息の切れ目や読みの間《ま》を考えて、普通の文章では十五から二十字に一つの読点があったほうが、見た目にも読みやすく、リズム上からもマッチしやすい間隔となります。

②歯切れよく書く

文章を歯切れよくするためには、センテンスを短くすることだとよくいわれます。それも一つの方法ですが、それだけでは歯切れがよくなるとは限りません。大事なのは、センテンス間の境界を明確に、はっきり区切ることです。具体的にいえば、あいまいにぼかした語尾にせずに文の語尾をピシッと決め、それに続く文の初めを接続詞などを使って語調を強めるように書きます。そうすることで文章全体に一つのリズムが生まれます。

③文末語を工夫する

たとえば文末に過去形の「……た」が、あまりひんぱんに続くとリズムが単調になってしまいます。適当なところを現在形の「……ある」に変えてみるといった工夫が必要です。

④接続詞を効果的に使え

たいていの文章指導書には「接続詞はなるべく使わないように」と書かれています。接続詞は必ずしも必要なものではなく、簡潔な文章を書くにはそうしたムダな語は使わないほうがよいというのがその理由です。

しかし、接続詞を使わなければ、すべて文章がよくなるとはいえません。〈**接続詞は適当に使いさえすれば、文章に間《ま》を持たせ、前句との境を明らかにしたり、強調したりすることができます。つまり文章にリズムを与えることができるわけです**〉。文章は簡潔さも大切ですが、読みやすいリズムをつけることもそれに劣らず大事なポイントになります。

対象の把握

吉屋信子

出典●『女性の文章の作り方』吉屋信子／昭和十一年、新潮社刊。タイトルに「女性の」とあるが、女性に限定されたものではない。女性の身に親しみやすい種類の文章について、同じ女性の立場から座談風に説かれている。読み物としても楽しめる、文章の書き方入門。

あまり力まないで、ただ真実を書く。ありのままを書けばいい。文章はそれでいいのです。しかし、自分で見たこと、感じたことを、その通り人に伝える文章というものは、容易に書けるものではありません。

ではどうすればいいか。それにはまず「対象の把握」ということが必要だと筆者はいいます。書こうとする対象を正確に、精密に把握する（そのためには対象に興味を感じていなくてはなりません）。そして、それを、人に話をするようなつもりで書くのです。

エッセイなどでは、日常よく見聞きしているものを描く場合が多くなりますが、ありふれたものを、ありふれたように書いたのでは、意味がありません。そのありふれたものに、新鮮な筆致をどう加えるかがポイントになります。

そうした文章のお手本として二例紹介されています。まずは『清貧の書』（林芙美子）から。

「君は前の亭主にどんな風に叱られていたのかね。」

與一は骨の無い方の干物を口から離してから云つた。

「叱られたことなんぞありませんよ。」

「無いことはないよ、きつときつい目に會つてゐたと思ふね。」

私は骨つきの方の鰺をしやぶりながら、風呂屋の煙突を見てゐた。

結婚したての貧しい夫婦の夕餉です。夫の與一が干物を食べる様子を、殊更に「骨のない方」と断っています。妻は「骨つき」の食べにくい方をつついているのです。これで、一つの干物を半分ずつ食べている貧しさや、この妻のつつましさが自然と読者に伝わってきます。

次は『佗しすぎる』（佐藤春夫）です。

やつとの思ひで頭を洗つて貰つてほつとしたと思つてゐると、一たん下へおりて行つた主人が再び二階へ上つて來て、見るとその兩方の手が、愕いた人の手つきのやうに擴げられてあつたから、どうしたのだらうと思つてゐると、彼は言つた――

「さあ、油をつけて差上げませう」その兩方の掌にはもう油をつけて來てゐるのであつた。

油を塗ったとき、誰もがよくする両手の拡げ方を「驚いた人の手つき」のようだという把握です。誰もが知っている動作を、新鮮な喩えで描写して効果をあげています。

実用文「三多の法」

波多野完治

出典●『実用文の書き方』波多野完治／昭和三十七年、光文社刊。副題は「文章心理学的発想法」。文章心理学の第一人者による文章術の入門書。手紙、リポート、受験論文、広告の文章など。実用文をどういう心がまえで書いていくのがよいかの方向が明快に示されている。

文章上達法として、「三多」ということがいわれています。宋の名文家欧陽脩《おうようしゅう》の説いたもので、それは「多く文を読むこと」「多く文をつくること」および「多く文について考えること」の三つをいいます。ここでは、この三多の法を、学習心理学のほうから新しく考えなおして、文章の上達法を解説してみましょう。

①多く読むこと

よく「名文家の文章を読め」といわれますが、実用文の修練という立場からは、まず身のまわりにある文章をひろって読むのがよいでしょう。新聞では「天声人語」や「余録」などのコラムや学芸欄がお手本になります。さらに週刊誌の文章にも学びたいものです。

これらの文章は①読みやすく、親しみやすい、②内容が分かりやすい、③読みだしたら続けて読みたくなる工夫がなされている、④読んだあとになにかが残る、といった特徴があります。身のまわりにある、こうした文章を教材として、**その文章の型のなかから自分の文に使えるものを選《え》り出していくことが大切です。**

② 多くつくること

文章を多く書くことはもちろん上達につながります。しかし、多ければよいというわけではありません。やりすぎは逆効果、スランプの原因になります。そこでわたしが推奨したいのが「三年間に三千枚」という練習方法です。三千枚書けば、実用文ではたいてい一人前になります。ときどき休みを入れて一日原稿用紙五枚といったペースがいいでしょう。

一週間書きためたら、それを書き直す。この**書き直しをやることが上達のためのポイント**です。そして書いた文章を他人に読んでもらうこと。実用文は「どこまで読み手に伝わったか」が重要ですから、読んでもらった人の意見や忠告はよろこんで受けましょう。

③ 多く考えること

実用文は「考え考え」書いてはいけません。文章がゴツゴツして堅くなってしまいます。ゆっくり話すくらいのつもりで書いてこそ分かりやすい文章になります。考える段階で、材料はすべてそろえておくこと。**材料を見くらべながら書くと、材料にとらわれすぎて、あれもこれもと取り入れようとする結果、文章がごたごたしたものになりがちです。**

第四章

説得術

共感を呼ぶ書き方は？

具体的な数字や裏づけを盛り込んだ、説得力のある文章の書き方のほか、比喩などを使うテクニックを伝授します。そのほか読み手の心理を考えた、共感を呼ぶ文章をどう書くか。反論を招かないように、読み手をあなたの考えへと誘導するためのコツなどを集めてみました。

「〜と思う」を捨てよ

轡田《くつわだ》隆史

出典●『うまい！と言われる文章の技術』轡田隆史／平成六年、三笠書房刊。朝日新聞での四十年以上に及ぶ記者生活と朝日カルチャーセンターにおける文章教室の講師の経験から導かれた、実践的な文章上達法がまとめられている。豊富で適格な文例も参考になる。

文末に「〜と思う」が連発されている文章をよく見かけます。「思う」が多用されていると、いかにも自信なさそうで弱々しい印象を与えます。本人は少しへりくだって、ていねいに書いたつもりかもしれませんが、慇懃《いんぎん》無礼に響くこともあります。なによりも**「思う」の多用は文章を一本調子にしてしまいがち**です。

たとえば「音というのは不思議なものだ」でいいところを「音というのは不思議なものだと思う」などとしてしまっていないでしょうか。この場合「思う」は言わずもがなです。こうした「思う」の多用が文章からリズムや張りを失わせてしまうのです。

このような「思う」症候群が生じる原因はなんでしょうか。一つは自信のなさもあって曖昧表現をとってしまうということ。これに対しては「もっと自信を持って断定しなさい」と言うほかありません。もう一つの理由としては、**何もかも「思う」という動詞で代用させてしまう傾向。これは語彙の不足が原因でしょう。**

きっぱりと断定できない場合でも「〜のようだ」「〜のように見える」「かもしれない」と言えます。「考えている」とすればより積極的になります。さらにもっと強く「信じようとしている」と書くこともできます。

このように内容に応じて〈言葉を選ばなければ、人間としての己のこころの動きを多面的に描くことはできない。思考は同じ場所を堂々めぐりするだけ。もののとらえ方、考え方そのものが、乏しい語彙の中に閉じ込められてしまって一面的になり、自由に飛翔してゆかないのです〉。〈**論理がどうも一本調子で展開してゆかないと感じたら、心の働きを示す部分の言葉を選びなおしてみましょう**〉。

〈人間の思考の働きは、思ったり、考えたり、感じたり、信じたり、願ったり、祈ったり、まことに多彩〉。そうしたこころの動きを現わす表現を心掛けてください。

たとえば〈「心情を推し量った」を「心情を思いやった」と言い換えてみる。「功罪を考えた」を「功罪を分析した」とすれば、「考えた」と書いただけよりもっと積極的であり、こころの働きを次の段階に推し進めてゆく弾みとなります。考えの内容が言葉を選択する面もある一方で、選択した言葉そのものが、考えを前へ前へと推し進めてもいくのです〉。

裏づけはあるか

樋口裕一

出典●『ＹＥＳと言わせる文章術』樋口裕一／平成十四年、青春出版社刊。大学受験生を中心に小学生から社会人までの作文・小論文を指導してきた経験を生かして書かれた。読み手が思わずＹＥＳと言ってしまうような説得力ある文章の書き方がやさしく解説されている。

たとえば「最近の日本車はよく壊れる。これは労働者がたるんでいるからだ」ということを訴えたいとします。しかしこう言うだけでは説得力はありません。労働者のたるみが原因だと言いたければ、それを示す裏づけが必要となります。

①データで裏づける

もっとも説得力のあるのは客観的なデータです。この例で言えば、故障件数がどのくらい増えているか、ほかの国と比べてどの程度かといった資料。さらに労働者の遅刻の実態を示すデータなども有効でしょう。

②現場の証言を示す

もうひとつ大きな意味を持つのが現場の証言。たとえデータとして示されていなくても「うちの会社に持ち込まれる日本車への苦情が増えている」といった証言は使えます。

③検証する

少し高度なテクニックになりますが、推測や分析によって裏づけするタイプです。労働者に怠慢があることへの裏づけとしては「労働者の賃金が上がっていない」「自動車の生産労働者の犯罪が増えている」といった傾向が見られるというようなものです（これは例として仮に言っているだけで事実ではありません。念のため）。

④体験談を語る

体験を裏づけとして使う方法です。たとえば「私の買った車も、友人の買った車も相次いで故障した。こんなことはかつてなかった」など。ただ、これはたまたまかもしれないということで統計としては意味をなしません。しかし「自動車会社にクレームをつけたら、こんな応対だった」というような体験なら、十分に説得力を持ちます。

⑤他人の意見を使う

新聞などで、よく大学教授や評論家などのコメントが紹介されます。いわば「受け売り」をしているわけですが、ある部分の裏づけのサポートとしてはこの手法が使えるでしょう。

⑥他と比較する

ほかの国やほかの業種などと比較することも説得力のある裏づけとなります。

ディテールこそ命

福田和也

出典●『福田和也の「文章教室」』福田和也／平成十八年、講談社刊。どんな真実も嘘＝虚構の助けを借りなければ真実として輝くことはない。そんな観点から書かれた、書き方指南の書。「読む力」「書く力」「調べる力」の三章で構成されている。著者は文芸評論家。

〈谷崎潤一郎にしても、川端康成にしても、その作品を組み立てるにあたって、徹底的な調査をし、材料を調え、膨大な情報のなかから、上澄みをすくいとっています〉。〈谷崎などは、新しい作品を書くためには、引っ越しをして、家具調度までをその設定にあわせていたことを、弟子の今東光が伝えています〉。

文豪たちが、その執筆にあたって、徹底した調査をしたのはなぜなのか。それは〈**作品にとって、ディテールこそが生命である**からです〉。登場人物を生き生きと描くには、具体的なディテールが不可欠となります。そのための調査であり取材なのです。

インターネットの普及で基礎的な情報などの入手がずいぶん手軽にできるようになりました。しかし〈それはあくまで入り口に過ぎません。そこから手足を使い、調べる過程にこそ、創造の源泉があるのです〉。

〈「調べる」という作業は、望遠鏡や顕微鏡で徐々に事物に焦点を合わせていく作業に似ているかもしれません。最初はぼんやりとして形のない想念といったものが、少しずつその輪郭を見せはじめ、ある瞬間にはっきりとした形を見せる。その瞬間には、埋もれていた事実を発掘したという喜びがあります〉。

〈書くうえで情報や事実はそれ自体にあまり価値はありません。速さではインターネットやテレビに負けてしまいます。そして情報はすぐに古びていきます〉。

物書きは、しかし**自分が見つけ、手にした事実や情報を、ほかの事実と結びつけ、編集し直すこと**で価値あるものにできます。調べさえすれば誰もが知り得る事実を、自分だけが価値あるものにできる可能性があります〉。埋もれていた石が宝石に変わる瞬間です。〈文章は、細部の積み重ね。その細部が確固としたものであればあるほど、書き手はその事実から大きく飛躍し、自分なりの、自分だけの論を導き出し、作品を作ることができます〉。

〈**現実のどこをクローズアップし、どこを捨てるかを斟酌するという「虚構」により、「真実」はより明確になります**〉。〈真実を伝えるための虚構とは、しかし細部の事実に支えられたものでなければなりません。事実の堅牢さがあってはじめて、文章という構築物は、大胆な飛躍や虚構に耐え得ることができるのです〉。

比喩の効用

安本美典

出典●『説得の文章技術』安本美典／昭和五十八年刊、講談社現代新書。十五項目に及ぶ共感による説得技術について解説されているほか、事実による説得、論理による説得の技術が紹介されている。著者は産業能率大学教授の文学博士（執筆当時）。専門分野は文章心理学。

〈比喩の重要な働きの一つに、**イメージの希薄なもの、あるいはイメージを持ちにくいものを、イメージがはっきりしたものと結びつけ、それを相手に印象づける**という働きがあります〉。

たとえば「針のように鋭い神経」とか「氷のように冷たい心」などと表現すると、「針」や「氷」といった喩えで視覚的あるいは触覚的にイメージがはっきりと実感できます。

比喩のもう一つの働きは、**語彙の不足を補ってくれる**こと。雪を見たことがない幼児が「アッ、空からご飯が降ってきた」と言ったり、足がしびれた男の子が「あんよがサイダー飲んでる」と表現したりすることがよくあります。一種の暗喩ですが、その新鮮さに驚かされます。

こうした比喩を使いこなさない手はありません。

比喩にはさまざまな種類がありますが、主なものは次の四つです。

①**直喩**（**直接的にたとえる**）

「〜のような」とか「〜のごとし」といった表現でなにかに直接たとえるものです。「貝にも劣らぬ爪の色合い〜」（谷崎潤一郎『刺青』）などと、ほかの言葉を使って直喩のもっているくどさを避けることもできます。

ただ「天にも昇るような」とか「砂を嚙むような」といった、使い古されたものはもう比喩としての生命を失っているので要注意です。

②**暗喩**（**他のものにおきかえる**）

「近松門左衛門は日本のシェークスピアである」などと「ように」や「ごとし」を使わず、直接他のものにおきかえる形の比喩です。

③**声喩**（**擬声語、擬音語、擬態語**）

聴覚イメージに訴える比喩。擬声語は「猫がニャーニャー鳴く」などと声であらわすもの。擬音語は「戸がガタガタする」と音であらわします。擬態語は「涙をはらはらと落とす」などと、音がないものを、音があるように表現します。

④**換喩**（**部分で全体をあらわす**）

たとえば、正月に若い青年と娘さんが談笑して帰っていったとき「ワハハもオホホも帰ってしまったよ」などというのが換喩です。より具体的でイメージを伴いやすいのが特徴。

一致点を積み上げる　唐津 一

出典●『説得の法則』唐津 一／平成十一年、ＰＨＰ新書。説得の法則性を見極め、それにのっとって説得すれば、必ず現状は打破され、方向性が見出される。これはビジネス文章などにも応用できる。著者は松下電器（現パナソニック）を経て東海大学開発技術研究所教授。

相手（読み手）を説得するためには三つのステップを踏むこと。本書では説得に至るプロセスを三段階に分けて解説しています。

最初のポイントは「**敵を知ること**」。情報理論では、情報の発信者と受信者が持っている情報に共通の領域が多いほど、正確に、しかも効率よく伝わるという原理があります。〈説得と言う作業を始める前に、これから説得する相手はどんな人なのか、どんな過去があり、現在、何をしているのか、何に興味があるのかなどといったことをよく考えておく必要があります〉。

次のポイントは「**アテンション&インタレスト**」。相手の注意と興味をこちらにひきつけなければ、説得も何も始まりません。広告制作のセオリーに「ＡＩＤＭＡ（アイドマ）の原則」というのがあります。Ａはアテンション、Ｉはインタレスト、Ｄはデザイア、Ｍはメモリー、

Aはアクションの頭文字をつなげたものです。

「相手の注意をひき、興味をもたせ、欲しがらせ、心に刻みつかせて、買わせる」。これは説得の法則そのものだといえます。相手のアテンション&インタレストをひきつける話を並べることで「あいつは話のわかるやつだ」と親近感をもってもらえることにもなります。

こうして相手の注意と興味を引きつけることに成功したら、いよいよ本題に入ります。相手を話の内容で説得しなければなりません。〈ここで大切な原則があります。それは「**あなたと私は意見なり考え方がまったく一致している**」**と相手に思わせることと**です〉。それならわざわざ説得する必要がないじゃないかと思われるかもしれませんが、そうではありません。

本題である内容への説得へ向けて、前述のような一致点を一つ一つ積み上げていくことによって、こちらのペースで話を進めることができます。世間話を面白おかしくしているうちに、いつの間にか相手の申し出を承諾してしまった――。そんな場合と同じやり方です。

説得とは、理論や理屈で相手をねじ伏せて、ぐうの音も出ないようにすることではありません。理屈でねじ伏せたとしても「お前のいうのはもっともだ。おれは間違っていた。お前のいう通りにするよ」とはなりません。相手の心に残るのは、力でねじ伏せられたという悔しさだけ。かえって「お前のいうことはもっともだけど、おれは意地でもお前のいう通りにはならないぞ」と反発を招いてしまうことになってしまいます。これでは説得になりません。

屈折と飛躍

鈴木信一

出典●『800字を書く力』鈴木信一／平成二十年刊、祥伝社新書。書きたいテーマがなくても、書き始めることでそれが見えてくる。そんな文章の書き方のコツが、国語教師や一般向けの文章講座での経験を活かしながら説かれている。演習問題が随所に盛り込まれている。

文章には「展開の妙」が求められます。それは論理的必然を崩すことで生まれます。〈**読み進むにつれて、視界が広がり、思索が深まるような文章。これが文章の理想です**〉。肝心なことは、言葉を積み重ねることでも、主張を繰り返すことでもありません。〈淀みが展開を促し、展開が地平を切り開いていく。書くことの核心は、こうした構造の中にあります。屈折と飛躍が文章には必要なのです〉。

論理的に矛盾のないように、文章の流れを考えながら書いていくというのは確かに基本ではありますが、それだけでは人を魅了する文章は書けません。**論理の自然な流れに屈折を与え、淀みをつくる。そしてその淀みからの飛躍を果たしたときに文章は輝くのです**。小論文などの論理的な文章だけに限らず、エッセイなどでも、同じことがいえます。

では、どうすれば〈屈折〉と〈飛躍〉のある文章が書けるのでしょうか。

結論をまず書くというのがその一つの答えです。たとえば「人は人を殺してはならない」という結論だったとします。戦争の悲惨さなどを述べたあと、最後にこれをもってくれば無難に書き進むことができるかもしれません。しかし、ここは結論を最初に書き、果敢に展開を試みるべきなのです。

書くことは、知り得ていることを復元していく作業ではありません。言葉が次の言葉を拓いていく。その思索の過程にこそ、書くことの核心はあるのです。「より深く考える」ということはつまりは〈壊す〉こと。自分の考えを壊し、その上に別の思想を組み上げる。さらに、それをも疑い、また壊すことで、さらに別の思想を組み上げる。「考える」とは、それを繰り返していくことなのです。

文章にもこの〈壊す〉という処方が必要です。**ある文章に息吹が感じられるとすれば、そこには疑い、壊し、組み上げていくという思索の痕跡が必ず残っているものです**。そうした過程があってこそはじめてより深い認識へ到達できるのだと言っていいでしょう。

まず「人は人を殺してはならない」と書き出す。そうするとこれに対して「にもかかわらず、有史以来、殺人が絶えないのはなぜだろう」などといった展開をしていけます。結論は自明のことですが、それを疑い、壊すことで、より深いものを汲み上げられるのです。

物に語らせる

植垣節也

出典●『文章表現の技術』植垣節也／昭和五十四年刊、講談社現代新書。どんな材料でも、いったんつかまえてしまえば自分の腕で仕上げられる。そんな能力を養うための「文章における体力づくり」を目指す書。練習問題も項目別に用意されている。著者は国文学者、作家。

人間の感情を書きあらわすというのはなかなか難しい。でもいい方法があります。それは見るもの、聞くもの、ふれるもの、何でも拾いあげて克明に描写するのです。**描写することによって、感情を表現するのです**。「悲しかった」といくら繰り返しても、筆者の悲しさは読者には伝わりません。その際の情景のあれこれを描写することによって感情を表現するほうが、やさしくまた効果的であるといえます。

たとえば、親戚のおじさんの死について書こうとします。「悲しい」と書くかわりにどんな描写をしたらいいのでしょうか。「連絡を受けて飛び乗った深夜のタクシーから眺めた赤青のネオン」「病室のドアを開けて目に入った酸素吸入器」「おばさんのうろたえた態度」「点滴の黄色い液」など……。あなただけにしか存在しない特別な悲しみを表現するには、このような

「物」に肉づけした描写をすることが大切です。そうすることで、**こうしたものを眺めている筆者の心がおのずから伝わってくるのです**。

人物描写も実は同じです。でも顔などの外貌を描写せよというのではありません。その人物の性向をとらえる方法で、最も印象深い特徴を描きます。いわば動いている物（人）を描写するのです。たとえば次のような文章はどうでしょうか。

●彼は、暇を作っては山村を歩き、老人のいる家をみつけて泊めてもらい、昔の話を聞いて廻るのが唯一の趣味の男です。

●彼女は、流れ星が燃え尽きるまでに願いごとを三遍言えばかなえられると信じており、浜辺で夜空を見ながら「金、金、金」と呟きつづけた。

〈この男女は、どちらも顔貌・体格・服装・年齢がわかりません。にもかかわらず、目鼻立ちをこまかに描写された人物以上に、その存在感は明瞭になっています。それは人物が動いているからであり、読者が魅力を感じたり逆に反撥したりしやすいからなのです〉。

こうした表現方法は、とくに何かの職業に従事している人間を描くときなどに有効です。たとえば自衛官を描く場合。服装や体格や顔つきを細かく描くよりも「彼が犬にほえられてうろたえた」「水に溺れた少年を見てすぐに服を脱いだ」といった、**彼の性向の一端がわかる言動を描く。そのほうが人物像が鮮やかに浮かんできます**。

読み手を誘導する

内藤誼人

出典●『ブラック文章術』内藤誼人／平成二十二年、あさ出版刊。まえがきに「文章を書くのに、才能などは必要ない。テクニックと技術で、何とかなるのだ。そのためのコツをたっぷりとみなさんに伝授しよう」とある。筆者はビジネス心理学のオーソリティ。著書も多数。

読み手に押しつけがましくなく自分の意見を伝え、そしてもっていきたい結論へ誘導する。そんな欲張りとも思える文章を書くためのテクニックを三つご紹介します。

① あえて強調しない

〈強調したいことをあえて否定するというテクニックです。「わざわざ強調する必要もないと思うが……」「こんな意見など、無視してもけっこうなのだが……」などという枕詞を置いてから、強調したいことをつづけます〉。

〈「ある部分を無視するように」と言われると、かえって私たちは、その部分に目がいってしまいます。この心理を逆手にとると、**強調したいところはあえて強調しないように見せかける、**というウラのテクニックを導き出すことができるのです〉。

② 疑問文で好印象を与える

「官僚が主導する日本の政治は、本当にこのままでいいのでしょうか」。もちろん言いたいことは「このままでよいわけがない！」ということですが、それを疑問形という形をとりながらオブラートにつつみます。もともと日本人には断定的な結論を避ける国民性があります。〈率直に結論を出すと、やや断定的で、押しつけがましいという印象を与えかねない。そんなときに、**あえて結論をぼかすことによって、ソフトなイメージで主張する**のです〉。

ビジネス文書では、論理的に文章を構成して、はっきりと結論を出さないといけませんが、そうでない文章を書くときには、はっきりと言い切らないほうが、むしろ好ましく評価されるということも覚えておきましょう。

③ 結論を相手に投げてしまう

たとえばA社のパソコンをすすめるときに、A社のパソコンの長所と短所はこれ、B社はこれという具合に、〈事実の説明だけをして、「どちらを選ぶかは、あなた次第！」と、そっくり相手におまかせしてしまうのです。これを心理学では「**結論留保法**」と呼びます〉。上司が部下へ「お前の好きなようにやってみろ」というのも、いってみればこれと同じです。

ただ相手にすっかり委ねてしまうと、思っていたのとは違う結論が出される危険があります。**自分の持っていきたい方向へ微妙に重心をかたむけてアピールすることが大切**です。

ト思ワレル症候群

木下是雄

出典●『理科系の作文技術』木下是雄／昭和五十六年刊、中公新書。調査・出張報告、レポート、論文など。理科系の人が仕事のために書く文書を対象にまとめられている。文章の組立て方から具体的な文章の書き方まで、実践知識満載の書。著者は学習院大学教授（執筆当時）。

本書の第六章「はっきり言い切る姿勢」の冒頭に、レゲット（理論物理学者。何度も来日しており、講演を日本語で行うほど日本語にも堪能）の次のような言葉が紹介されています。

「日本人は、はっきりしすぎた言い方、断定的な言い方を避けようとする傾向が非常に強い。たぶん『ほかにも可能性があることを無視して自分の意見を読者に押しつけるのは図々しい』という遠慮深い考え方のためだろう。

ところがこれは、欧米の読者の大部分にとっては、思いもつかぬ考え方なのである。この日本のゆかしさを解するには、自分たちのふだんの考え方をスッパリ切りかえてかかるほかないが、それは、たいていの欧米の読者にはできない相談だ。著者が、自説のほかにもいくつかの考えをあることを斟酌して、ぼかしたかたちで自分の見解を述べたとすると、それを読んだ欧米の読者は、著者の考えは不明確で支離滅裂だと思うだけだろう」。
たしかに私たち日本人は、とかく表現をぼかし、断言を避けて問題をあいまいにし、論争を不徹底にしてしまうことが多い。交渉ごとなどでも、〈自分の意見を明確に主張して正面から相手にぶつけるよりも、ぼやかした表現によって相手の意向を問いかけ、相手が決めたようなかたちにして実は八分通りは自己の意見を通すのをよしとしてきたのです〉。論文などにも**「ト思ワレル」「ト考エラレル」**などといった、含みを残した言い回しが頻出します。

これらは**〈当否の最終的な判断を相手にゆだねて自分の考えをぼかした言い方**です。理屈をいえば、ト思ワレルけれども自分はそうは思わない、ト考エラレルが自分の考えは違う――という逃げの余地が残してあるわけです〉。

ぶしつけな言い方を避けて、相手が察してくれることを期待するもの言いは日本語の美しい特質の一つです。しかし、論文やビジネス文書では〈はっきり言い切る〉ことが肝心。あいまいな、責任回避的な表現は避けて「自分は……と思う」「……と考える」と書くべきです。

さらに、私たちは**無意識のうちに〈ぼかしことば〉を濫用する習癖**を持っています。「ほぼ」「約」「ほど」「ぐらい」「たぶん」「ような」「らしい」などがそれです。仕事の文書ではこうした〈ぼかしことば〉をできるだけ削ることが大切。〈ぼかしことば〉を入れたくなったら「それが本当に必要なのかどうか」を吟味する習慣をつけると、文章はずっと明確になります。

事実と意見

阿部圭一

出典●『明文術』阿部圭一／平成十八年、NTT出版刊。「伝わる日本語の書きかた」についての技術を情報学の視点から体系化したもの。明文を書くための作文技術が解説されている。著者は静岡大学情報学部長を経て、愛知工業大学経営情報科学部教授（執筆当時）。

理系の論文やレポートでは、事実が主に記述されます。筆者の意見としてゆるされるのは、事実に裏打ちされた意見だけです。

（A1）富士山は日本でいちばん高い山である
（B1）富士山は日本でいちばん美しい山である
（A2）この方法により、不良品の率が1・3％から0・4％に減った
（B2）この方法により、不良品の率が大幅に減少した
（A3）2005年に、日本の人口の19・9％は65歳以上であると推定されている
（B3）日本は急速に少子高齢化社会に近づきつつある

右の例文ではAが事実、Bは意見となります。〈事実は、その真偽を確かめることができる

のにたいし、意見には筆者の主観が入りこんでいます〉。意見にたいしては、「そのとおりだ」「まあ、そう言えるかも」「とんでもない」といったふうに、受け手のさまざまな反応が考えられますが、事実に対しては真か偽かしかありません。

例文でもわかるように、〈事実はしばしば数値を用いて定量的に示されます。それにたいして、主観的な語を用いた定性的な記述は、多くの場合、意見にしかなりません〉。アメリカの政治家やビジネスマンがよく数字を引用するのにくらべて、**日本人の議論は、とかくデータにもとづかない主観的、観念的なものになりがちです**。たとえば年金などの論議は若年層の人口減や財政の危機的な状況という二つの事実抜きでは机上の空論に過ぎません。

記述方法はどうでしょうか。事実は簡明直截に記述します。主観的な形容詞や副詞を入れると意見になるので注意が必要です。一方、意見は、はっきりと意見だとわかるように「私は……と考える」という書きかたを基本とします。理系の文章では意見の記述量が少ないので気になりませんが、その他の文章では意見の部分が多くなります。そこが問題です。

そんな場合、それらをすべて「私は……と考える」と書いていてはうるさくなります。ということで「であろう」「と考えられる」「と思われる」などといった、主語が明快でない婉曲表現が多くなってしまいがちです。**意見をたくさん述べる文章において、事実と意見を区別しながら、意見をどういう文体で表現するかは、日本語の文章の今後の課題だと思われます。**

数字の生かし方

高橋昭男

出典●『仕事文の書き方』高橋昭男／平成九年刊、岩波新書。正確で、わかりやすく読み手を疲れさせない仕事文をどう書けばいいか。説得力に磨きをかけるコツも伝授される。著者はテクニカルライター。日立グループ、NTTの研究所などで「技術文章学」の講座を担当。

文章の説得力を増すものに、数値による表現があります。たとえば「安全な間隔を保って、作業してください」といったあいまいな表現は、仕事文では避けなければなりません。「3メートルの距離を保って、作業してください」といったように、「安全な」といった形容詞句ではなく、数値で表現することが仕事文のルールです。

人気の高いプロ野球ですが、入場料が高いという苦情も出ています。東京ドームの指定席Sが5800円。これが高いか、安いかは個々の価値観で決まります。しかし、たとえば**ドジャースの本拠地での入場料がボックス席Aで14ドルだという数字と比較**すればどうでしょうか。価格の差は歴然としています。アメリカなら、家族そろって観戦し、食べて、グッズなどを買っても1万円でおつりがきます。

今度は企業の売り上げの推移を表す場合。売上高が前年は300万円、今年は1500万円、市場占有率（シェア）が前年0・2、今年が1・0だったとします。シェアは前年比で5倍に伸びています。とはいえ今年のシェアはわずか1％です。これでは5倍といっても効果はありません。この場合、**顧客にアピールできるのは「前年度売上比率5倍」という数字**です。こんな風に、仮に数字が小さくても、なにか効果的に表現する方法がないか考えてみましょう。

朝日新聞（1997年4月3日）に興味ある記事がありました。ドリンク剤の価格と効き目の相関関係を紹介したものです。ドリンク剤は、安いものは800円から、高額品では4000円まで、バリエーションに富んでいます。どこがどう違うのか誰もが迷います。成分の違いを説明されても、どの生薬がどう滋養強壮に効くのか、その因果関係が分かりません。

そんなドリンク剤に興味深い実験データが登場しました。東北薬科大学の薬理学教室のスタッフが行った実験です。それは、実験用のネズミ数匹を泳がせて疲れさせ、それぞれに種類の異なるドリンク剤を飲ませる。つぎに表面温度が70度Cのホットプレートの上にネズミを置く。ネズミは熱さから逃れようと跳び上がります。その一分間の数を数えるのです。

結果は「ただの水21回」「800円の品21回」「1000円の品34回」「3000円の品44回」でした。高額品の効果が数字で証明されたのです。この**事実と数値で裏打ちされた実験結果は、一般消費者を納得させるのに十分な効果**をもっています。

「代示」を工夫せよ

篠田義明

出典●『ビジネス文完全マスター術』篠田義明／平成十五年、角川書店刊。実用文の必須条件は、一読しただけで、読み手が理解できること。そんな実用文を書くための技術が①準備②組み立て③展開④見直しの四段階に分けて解説されている。著者は早稲田大学名誉教授。

入試の国語の問題でおなじみのパターンに「文中の『それ』はなにを意味するか」というものがあります。要するに「これ」「それ」などの代名詞が指すものをたずねているわけですが、これに答えるのがじつにむずかしい。幾通りにも答えが考えられ、あたかも判じ物のようなケースさえあります。

入試問題ならいざ知らず、実用文が判じ物では困ります。〈**代名詞が出てくるたびに、「この『それ』はなんのことだろう」と読み手に考えさせるようでは、それだけで、実用文としては失格だといえるでしょう**〉。

もちろん、代名詞をいっさい使うなというのではありません。代名詞の扱いには慎重であるに越したことはない。できれば、代名詞をつかわずに、別の言葉で置き換えられないかを考えてみる。〈「これ」「それ」「ここ」「そこ」などの代名詞をつかうと、書くほうはたしかにラクなのですが、これは言い換えれば、言葉選びを安易にしているということでもあります〉。

では、どのように代名詞を別の言葉に置き換えていけばいいのでしょうか。その具体的な方法が「代示」（筆者の造語）なのです。**「代示」とはワンワード・ワンミーニングの語の内容を示す「代わりの語」のこと**をいいます。

たとえば「私はマークⅡを買いました。それはトヨタの車です。それは、たいへん調子がよく、気に入っています」という文章は、たいへんまどろっこしくて、「それは」がまぎらわしい。これを、「私はマークⅡを買いました。そのトヨタ車は、たいへん調子がよく、気に入っています」とするとわかりやすくなる。この場合、「そのトヨタ車」が「代示」です。

「S社では、携帯用テレビ○○を発売した。**この小型テレビ**は、従来のものより、ずっと画面がきれいだ。**この新製品**を作るにあたって、技術面では、軽量化が大きな目標だったそうだ。発売してまもないが、**ポケットサイズのこのテレビ**は、若者の間で人気を集めている」という文章の場合、ゴチック部が「代示」になっています。

これでおわかりのように、**「代示」とは単なる言い換えの言葉ではなく、もとの言葉の内容などを具体的に示すことで、読み手の理解を深めるものなのです**。ただし専門用語などでは、みだりに「代示」で用語を変えると混乱させることになるので注意が必要です。

一撃で仕とめる　野口悠紀雄

出典●『「超」文章法』野口悠紀雄／平成十四年刊、中公新書。論述文の成否は、メッセージが「ためになり、面白い」かどうかで決まる。これまで文章読本が扱わなかった問題への答を与えてくれる書。著者は大蔵省、東京大学教授などを経て青山学院大学教授（当時）。

説得力を強める技法の一つに「比喩」があります。複雑な論理や抽象的な概念をわかりやすく説明し、印象的に伝えるのに、大きな威力を発揮してくれます。

その効果を示すために本書で挙げられているのが左の例文です。経済政策には構造改革と景気対策がある。この二つはどう違うのかを説明した文章です。

（A）構造改革とは手術のようなものだ。これに対して景気対策は、熱さましでしかない。

（B）経済変動には、経済構造パラメータの長期的・傾向的な変化に起因するものと、変数の短期的・循環的な変化に起因するものがある。前者に対応するのが構造改革であり、後者に対応するのが景気対策だ。

AとBを比べると、比喩を用いたAのほうが、ずっとわかりやすくなっています。Bの説明は正確ではありますが、ピンときません。

さらにAの比喩を続ければ、次のCのようになります。

（C）金融緩和は構造改革に資するという意見がある。これは、手術の際に麻酔薬が必要というのと同じだ。たしかに、痛みを緩和しないと、メスは入れにくい。しかし、痛み止めは快感をもたらす。それに中毒になって手術が忌避されることが多いので、注意が必要だ。

〈比喩は、明白なことを持ち出して、「それと同じ論理構造になっている」とする説明法です。簡潔であり、強力な効果があります。内容をいちいち説明せずに、「一撃のもとに」仕とめてしまう。経済問題などについて複雑な論理関係を説明するには、非常に有効です〉。

〈比喩は、学術論文ではあまり必要ないと考えられています。むしろないほうがよいとされます。しかし、必ずしもそうではありません。例えば、ケインズは「株価の決定は美人投票のようなものだ」と言いました。この比喩も、非常に複雑な現象をわかりやすく説明しています〉。

さまざまな対象について、**よく喩えに使われるのが人間の身体**です。例えば「日本経済のどこが問題なのか。これまでは、手足が少し疲れただけだった。しかし、どうも中枢神経が冒されているようだ。脳さえ損傷しているかもしれない」といった具合です。

人体は一つ一つの器官が機能分化しており、各々は非常に高度な機能をもっています。しかも、その機能は誰でも知っています。喩えるのにはうってつけだと言えるでしょう。

否定するな、肯定せよ

赤羽博之

出典●『すぐできる！伝わる文章の書き方』赤羽博之／平成二十五年、日本能率協会マネジメントセンター刊。文章を書くうえで身につけておきたい「基礎的な方法や手順」を七つのステップに分けて解説している。著者は八年間の出版社勤務を経てフリー編集者&ライター。

〈人は誰でも、他人から否定されるよりも肯定されたいと考えていると言ってもよいでしょう。これを書くときに意識すると、相手が受け取りやすい文章になります〉。

人に注意を促したり、警告を発したりするときは、とかく「上から目線」的なモノの言い方になりがちです。たとえばトイレの張り紙。以前は「トイレはきれいに！」といったものがほとんどでした。これは、厳しく注意しないと人はトイレを汚す不道徳な存在だという前提で発せられた、相手を否定するメッセージです。

最近目につくのが「いつもきれいにご利用いただき、ありがとうございます」というもの。こちらは肯定的なメッセージです。人それぞれで感じ方は異なるでしょうが、少なくともその場の雰囲気は肯定的メッセージのほうがなごみそうです。

次の例で、否定と肯定のメッセージでどんなニュアンスの差があるか見てみましょう。

（否定）ダウンロード中はネットワーク通信を切らないでください。

（肯定）ダウンロードの終了後、ネットワーク通信を切ってください。

同じ内容を伝えるのであっても、このように否定・肯定の二通りのメッセージの発し方があります。なにかを「お願い」する場合には、肯定のニュアンスとともに伝えたほうが、相手もそのメッセージを受け取りやすくなります。

（否定）その日は外出しており、午後四時まで戻れません。

（肯定）その日は外出しておりますが、午後四時には戻れます。

「物事は両面から見よ」と、よくいわれますが、この二つの関係はまさにそのパターン。印象の違いは明らかです。

（否定）その件につきましては直接の担当者ではなく、お答えできません。

（肯定）その件につきましては直接の担当者ではなく、お答えいたしかねます。

これも同じ。「できません」という否定の表現を「いたしかねます」という肯定の表現に改めました。わずかな違いですが、受け取る側のイメージはずいぶん違います。さらに一歩進んで「担当と連絡が取れ次第、追ってご説明申し上げます」とか「私で分かる範囲でしたら、概略のご説明をいたします」という対応を取れば、問い合わせた方へ誠意が伝わるはずです。

説得文の条件

永崎一則

出典●『文章力をつける！心が届くちょっとしたコツ』永崎一則／平成十三年、ＰＨＰ研究所刊。著者は話力総合研究所所長。話すことと書くこととは多くの面で一致している。五十数年間にわたって行なってきた話力の研究をベースにアドバイスする実用的な文章の書き方。

私たちの仕事や日常生活は、自分一人ではどうにもなりません。他人の力を借りなければならないことがほとんどです。相手を説得することが必要になります。そうした際にどんな文章を書いて、相手を納得させたり、行動させたりするか。企画書などのビジネス文書のほとんどが説得文だと言ってよいでしょう。

説得文には「不安感をなくす」「有力な成功例を示す」など八つの条件があるといいます。なかでも一番に挙げられているのが「**人の動く基準に合わせること**」。人は何を基準にして動くのかを知って、文章を書かなければならない。これが説得文のもっとも大切な条件なのです。では、人はどんな基準で行動するのでしょうか。具体的にいうと次のようなものになります。

①物的、知的な損得によって動く

特別な事情でもない限り、人は損得をはかりにかけてものごとを判断します。どうしても損をする場合には、他とくらべて、よりデメリットが少ない点を強調しなければなりません。

②名誉・名声で動く

損得だけでなく、人は名誉や名声のために動く動物でもあります。寄付をしたり、ボランティア活動をするというのは、精神的な満足感が得られるからです。

③好悪の感情で動く

好意的であるか、非好意的か、あるいは中立的であるかどうかは、説得の効果に大きく影響することになります。人間は感情をもった動物です。同じことを書くにしても、好感をもたれるような表現になるように留意する必要があります。

④倫理的な基準で動く

世間的な倫理観を正しく把握して、説得方法に生かす。いわばこの倫理観を後ろ盾として文章に盛り込むこともときには効果的です。

⑤将来のメリットで動く

たとえば販売関係のことであれば、アフターサービスやメンテナンスの充実などを訴えて、「これだと将来的には結局得をするな」と相手に予想させることが重要です。これは将来のメリットだけでなく、先々の不安を取り除くことにもつながります。

文章は「目」で書く

梅田卓夫

出典●『中高年のための文章読本』梅田卓夫／平成十五年、筑摩書房刊。「ことばを知っている」ことと、「よい文章が書ける」こととは、必ずしも一致しない。むしろ「ことばを知っている」ことが、逆に妨げになることもある。そんな中高年のための創造的な文章術の入門書。

〈「思ったこと」を文章にすると、抽象的になります〉。たとえば「感銘した」と書いたとき、通常、それが抽象的な表現だと自覚していないことが多い。「感銘した」と書けば、相手も感銘を受けると錯覚していないでしょうか。〈具体的な事実や現実の裏づけはなくても、抽象的なことばだけで述べることができるというのが、文章というものの性質です〉。

でもこれでは読者に共感してもらえる文章にはなりません。〈もしも「感銘を受けた」ことを文章にするのならば、自分が受けた「感銘」を読者のこころのなかに再現するように仕向けなければなりません。そのとき「描写」が力を発揮します〉。

「思ったこと」よりも「見たこと」を書く。客観的な叙述で「見たこと」を具体的なイメージとして読者のこころのなかに再現するのです。そうなれば、もう「感銘を受けた」などという説明はなくても、読者はその情景そのものから「感銘」を受けることになります。

「描写」を試みることによって、はじめて見えてくるものがあります。ふだんは見ているつもりでも、私たちは驚くほど多くのことを見落としています。細部まで観察力を行き届かせて、それを文章にしましょう。自分の意見や感想を書かなくても、読者は作者の状況をあれこれ想像したり、あるいは自分自身をその場に置いてみてくれます。

作者が自分の主観を押しつけないようにすれば、読者のほうから作品の世界へ参加しやすくなります。〈**すぐれた「描写」かそうでないかは、読者が作品の世界へ参加するためのイメージの断片を的確に言語化して読者に手渡すことができるかどうか、によって決まってきます**〉。

たとえばサッカーの試合を見て「おもしろい」という。それでなんとなく伝わったかと思います。でもここからさらに対象に迫っていかなければ単なる概念的把握に過ぎません。大切なのは〈概念的に一般化することではなく、対象の「断片」「細部」「個」をとらえ、表現することです。その日見たサッカーの試合が、他の試合とどこでどのように違っていたのか、を言い当てる能力です。これはことばの能力であると同時に、認識の深まりをも意味します〉。

対象を抽象的に一般化してとらえるのではなく、他のもので置き換えることのできない目の前の今をとらえなければなりません。「描写」することで認識は深まります。〈これによって「自分にしか書けないこと」が実現するのです〉。

文柱を立てる　小野田博一

出典●『仕事ができる人の論理的に考え、書く技術』小野田博一／平成二十一年、東洋経済新報社刊。読む人を「なるほどね」と納得させるためには、どんな点に注意すればいいか―。論理性に的を絞って書かれた文章術の本。『論理力を強くする』（講談社）など著書多数。

自分の主張を「事実」に基づいた「理由」で論理的に説得しなければ、読み手の納得は得られない。次の例文でその構造が説明されています。

世阿弥の能は古典的というよりも、現代的、あるいは超現代的である。なぜなら、作風が芸術至上主義だからである。たとえば、世阿弥の「鵺《ぬえ》」では、殺された怪物の鵺が登場し、嘆きを語る形になっていて、通俗作家ならしがちな怪物退治の英雄譚にしていないところに、芸術至上主義がはっきり表れているのである。

この例では、最初のセンテンスが「主張」で、次のセンテンスが主張を支える「理由」です。そして最後のセンテンスが理由の詳しい説明（事実）となっています。

次の文章はどうでしょうか。

いま、円安だ。だからA株を買うべきだ。

これを読んだ人は「は?」と思うだけでしょう。「円安のときにA株を買うべき理由」が欠けているからです。これでは読み手を納得させる力はありません。主張である結論を支える理由がないからです。このような**理由の欠落を「論理のギャップ」と呼びます。論理的な記述のためには、結論を直接支える理由（支柱）がなくてはならないのです。**

ではこうした支柱は何本あればいいのでしょうか。たくさんあればそれだけ記述の論理性は増しますが、小論文やスピーチの場合は通常三つくらいが適当だといわれています。それ以上あると、読み手が、いま話の中のどこにいるのかを見失ってしまうおそれがあります。

あと注意したいことは**感情で結論を支えようとしないこと**。たとえば、あなたが重税に憤慨しているなら、「重税をやめるべきだ」という主張と、重税をやめるべき理由を書きましょう。あなたが憤慨しているかどうかは、重税をやめるべき理由とはなりません。論理性の高い、説得力のある文章を書きたいのであれば、あなたの感情が今、どうであるかに言及しても意味がないのです。むしろ逆効果でしょう。

たとえば「～という政府の決定を聞いて大いに落胆した。まったく期待外れである」という文章があったとします。こうした感情論ではなく「～は正しくない。なぜなら……」と、なぜ正しくないかの理由、つまり結論を支える支柱を立てなければ論理的な文章とはいえません。

イメージで補強せよ

丸谷才一

出典●『文章読本』丸谷才一／昭和五十二年、中央公論社刊。「思ったとおりに書け」という文章訓があるが、これは心得違い。文章は文章の型にのっとって書くものである――。「おやっ」と思わせる箴言に溢れた名著。例文も豊富で著者の造詣の深さに驚かされる。

宇野千代が中里恒子にあてた書簡を例に、イメージのもたらす効果について解説されています。それは、追伸にある「今日はつめたい雨、部屋を暖かくして、ストーヴのそばで、私は、黒豆を煮る番をしてをります。いい匂ひがしてゐます」という部分。

このように〈具体的なものを差出されると、抽象語や観念語よりも、あるいはまたたとへば「元気で暮らしてをります」なんて概括的な言ひ方よりもずつと頭にはいりやすい〉。**イメージを一つ急所で差出すことで、そのものの周囲にまで心に思い描かせる**ことに成功しています。〈歳末のたよりにあしらはれたストーヴで煮る煮豆は、ときどき味見をする人の横顔や、茶の間の輪かざりや、さらには門松まで仔細に想像させ、つまりそれは前後左右までいきなり提出してしまふ〉のです。

イメージは、個々の事物を鮮明に描くだけでなく、抽象語にはない豊かで強い喚起力を持っています。文章を書くうえで、この有力な手段を忘れるという法はありません。詩人は花や鳥などのイメージをあしらってわれわれを酔わせます。しかしこうした詩においても、イメージは美的効果よりも論証における有用性が大事だといえます。**イメージはいわば説得のための道具**なのです。

イメージの用い方としては、イソップ物語のような寓話と教訓の組み合わせのようなものもあります。例話を使えば、興味を惹きやすい。話に親しみやすくもなります。たとえば外国旅行の土産話を一くさり披露して、そのあとわが国民性について反省するといった文章も同じやり方です。しかしこういう語り口は、耳にはいりやすい反面、悪くすると、例話と結論との関係が胡散《うさん》くさくなったりもします。

イメージをあしらう文章のむずかしさはここにあります。うまくいけば、雄弁にそして手っ取り早く話を運ぶ助けになりますが、使い方を間違うと理屈がどうつくのか判らなくなり、とりとめのない事態になってしまいます。**イメージはあくまでも補助的な手段にすぎません。肝要なのは論理なのです**。このあたりのかねあいに気をつけて使う必要があります。

話の筋が変にならないように、つまり論理的に必然性のあるものを選ぶように工夫すれば、イメージが大いに文章の説得力を増してくれます。あなたの腕の見せどころです。

あとがき

畑違いの広告業界へひょんなことから転職してコピーライターの見習いをしていた頃。まず上司に言われたのが「文章に上達したいのなら山口瞳を読め」でした。ずいぶん読みました。でも具体的にどこをどう学べばいいのかがつかめません。

いまなら、山口瞳の文章のあれこれから「書き出しのパターンはどうか」「話の展開法で真似できるところはないか」「セリフの入れ方や人物描写のコツは」「リズム感の出し方」などと、少しは分析的に読めると思いますが、当時はそんな知恵もありません。

しばらくしてPR誌やブックレットなどの編集関係の仕事が多くなってきました。ここでまた壁に突き当たることになります。広告やカタログ、DM、チラシといったものでは、やや長めのコピーの場合はほとんど小見出しをつけて構成します。

しかし編集ものの場合、小見出しなしで長文を書くことも多くなります。文章の途中で話を変える場合に「どう書いて転じればいいのか」という悩みがありました。うまく流れを作れません。はて困りました。こうしたときに出会ったのが『文章構成法』（樺島忠夫）の「トピックセンテンス」（八十六頁参照）です。まさに「目からウロコ」。目の前が開けたような気になったことをいまでも覚えています。

コピーライターはずっと机に座っているわけではありません。日中は打ち合わせや撮影の立ち合い、印刷の手配や校正などで時間を取られ、なかなかコピーを書くまとまった時間が作れません。どうしても夜も遅くなってからということになります。しかしもうその頃には疲れ果てて頭も回りません。

じっくり書く暇がなければ、書くという作業を分解して、日中のこまぎれ時間を使えばいい。そんなヒントをくれたのが『知的生産の技術』（梅棹忠夫）で紹介されていた「こざね法」（七十二頁参照）です。ちょっと暇があるとカードに文章のネタを書き込む。これだとこまぎれの空き時間で原稿の準備が少しずつできていきます。

そうした準備が終われば、書きためた「こざね」の列を整理・構成して、デスクの前のパーティションに一覧できるように貼り出します。あとはそれを眺めながら一気に原稿を書くだけです。この方法を会得してからは、何本もの仕事が同時進行していても、効率的に仕事を進めることが出来るようになりました。

プロの文筆家を目指すという人でなくても、文章を書かなくてはいけない局面がふいにやってきます。「小論文の試験がある」「仕事で報告書を出さないといけない」「ＰＴＡの会報に運動会の見聞記を書くよう依頼された」「所属クラブの会報や社内報にエッセイを書くよう依頼された」などなど。

本書はそんな土壇場で役立つ文章術の本はできないだろうかと企画したものです。文章の書き方を基本から応用まで順を追って解説するというものではありません。書き出してはたと筆が止まってしまった時などに役立てていただけるような、特効薬的な極意をできるだけ選びました。「方向を見失ったときの羅針盤」「逆上がりの際の補助の手」といった項目がいくつか見つかりましたら幸いです。

最後になりましたが、ご紹介させていただいた著書からの要約・引用を許諾いただきました筆者の方々にお礼申し上げます。ありがとうございました。

＊本書に紹介・掲載させていただいた書物の中で著作権者に連絡がつかないものがあります。お気づきになりましたら当編集部までご連絡ください。

著者略歴――――
ひらのこぼ

昭和23年京都生まれ。大阪大学工学部卒業。汽船会社設計部を経て昭和48年、広告制作会社へコピーライターとして入社。広告・販促企画・制作のほか、家電、食品、住宅、住宅設備メーカーなどのＰＲ誌やブックレット、社史などの編集制作に携わる。『俳句がうまくなる100の発想法』『俳句発想法歳時記』（いずれも草思社文庫）、『俳句開眼100の名言』（草思社）など俳句関係の著書も多数。俳人協会会員。奈良在住。

文章読本の名著90冊から抽出した
究極の文章術

2015年1月27日　第1刷発行

著　者　ひらのこぼ
装幀者　清水良洋（Malpu Design）
発行者　藤田　博
発行所　株式会社草思社
〒160-0022　東京都新宿区新宿5-3-15
電話　営業03(4580)7676　編集03(4580)7680
振替　00170-9-23552

本文印刷　株式会社三陽社
付物印刷　日経印刷株式会社
製本所　加藤製本株式会社

ISBN978-4-7942-2103-2 Printed in Japan　検印省略